Alfons Huber

Österreichs diplomatische Beziehungen zur Pforte

1658-1664

Alfons Huber

Österreichs diplomatische Beziehungen zur Pforte
1658-1664

ISBN/EAN: 9783743325937

Hergestellt in Europa, USA, Kanada, Australien, Japan

Cover: Foto ©ninafisch / pixelio.de

Manufactured and distributed by brebook publishing software (www.brebook.com)

Alfons Huber

Österreichs diplomatische Beziehungen zur Pforte

ÖSTERREICHS

DIPLOMATISCHE BEZIEHUNGEN

ZUR PFORTE.

1658—1664.

VON

DR ALFONS HUBER,
WIRKLICHEM MITGLIEDE DER KAIS. AKADEMIE DER WISSENSCHAFTEN.

WIEN, 1898.
IN COMMISSION BEI CARL GEROLD'S SOHN
BUCHHÄNDLER DER KAIS. AKADEMIE DER WISSENSCHAFTEN

Vorwort.

Bei den Vorarbeiten für den VI. Band meiner ‚Geschichte Oesterreichs' kam ich bald zur Ueberzeugung, dass es unmöglich sei, sich aus den bisherigen Darstellungen zu erklären, wie der erste Krieg Kaiser Leopolds I. mit den Türken im Jahre 1663 zum Ausbruche kommen konnte, da Oesterreich Alles gethan zu haben schien, um ihn zu vermeiden, und auch die Pforte ihn nicht gewünscht hat. J. v. Hammer hat zwar für den VI. Band seiner ‚Geschichte des osmanischen Reiches' (1830) nicht blos türkische und abendländische gedruckte Quellen, sondern auch das geheime Haus-, Hof- und Staatsarchiv benützt. Aber die Benützung der in letzterem aufbewahrten Berichte ist eine so ungenügende, dass seine Darstellung eher verwirrt als aufklärt. Es ist mir nun leider im Allgemeinen unmöglich, für meine ‚Geschichte Oesterreichs' eingehende archivalische Studien zu machen, weil ja für die Erforschung eines kurzen Zeitraumes Jahrzehnte nothwendig wären. Aber in diesem Falle glaubte ich doch eine Ausnahme machen und an die Quellen selbst herantreten zu müssen.

Ich wendete mich zunächst an das k. k. Haus-, Hof- und Staatsarchiv, dessen Benützung mir mit gewohnter Zuvorkommenheit gestattet wurde, so dass ich nur einer Pflicht der Dankbarkeit nachkomme, wenn ich dem Herrn Director Hofrath Dr. Winter und den Herren Dr. A. v. Györy und Dr. Schlitter hier meinen Dank abstatte.

Drei Abtheilungen konnten über den Gegenstand meiner Forschungen Aufschlüsse gewähren: die ‚Turcica', die ‚Hungarica' und die Protokolle des Geheimen Rathes oder, wie sie überschrieben sind, die ‚Berichte' an den Kaiser. Von den letztgenannten haben sich leider aus der Zeit von 1657 bis 1664 nur sehr wenige erhalten und beziehen sich meist auf die nordische Frage, besonders das Bündniss mit Dänemark, und auf die Verhandlungen in Regensburg über die Erlangung einer Reichshilfe. Nur einzelne finden sich unter den ‚Turcica'. Es sind übrigens nicht Protokolle, wie sie jetzt abgefasst werden, sondern Gutachten, welche auf Grund der Berathungen und Beschlüsse des Geheimen Rathes im Namen desselben an den Kaiser erstattet wurden, so dass die Meinungen der einzelnen Mitglieder gar nicht erwähnt werden.

Auch die ‚Hungarica', an sich gering an der Zahl, enthalten nur vereinzelte auf unsere Frage bezügliche Stücke.

Um so umfangreicher und werthvoller sind die ‚Turcica'. Sie enthalten die Berichte Simons von Renigen oder, wie man damals gewöhnlich sich ausdrückte, Reniger's,[1] welcher seit 1649 die Stelle eines kaiserlichen Residenten an der Pforte bekleidete, fast vollständig, ebenso die Berichte des Hofkammersecretärs Beris und des Freiherrn von Goëss, welche 1662 und 1663 mit diplomatischen Verhandlungen betraut waren. Von den Weisungen an Reniger sind nur wenige vollständig erhalten. Aber wir lernen den Hauptinhalt derselben wie der Depeschen Reniger's aus den ersten Jahren kennen aus den ‚Extracten der vom Residenten eingegangenen Schreiben in Transsilvanicis und was ihm darauf befohlen worden', welche vom 10. Jänner 1658 bis zum 7. October 1660 reichen und offenbar im Herbste 1660 für den Kaiser zusammengestellt und in ein Heft geschrieben worden sind. Alle Actenstücke, deren Inhalt ich ohne nähere Quellenangabe anführen werde, sind den ‚Turcica' entnommen.

Leider fehlt unter den Depeschen Reniger's gerade jene über den Abschluss der Friedenspräliminarien am 10. August

---

[1] So und nicht Reninger nennt er sich selbst in allen seinen im Original erhaltenen Depeschen.

1664, die er in der folgenden vom 4. September erwähnt, nach welcher sie am 15. August abgefasst worden ist. Es gereichte mir daher zu grosser Freude, als Herr Hauptmann Veltzé im Kriegsarchiv mir mittheilte, dass Reniger am 27. April 1666 über seine diplomatische Thätigkeit an der Pforte eine zusammenfassende Schlussrelation erstattet habe, worin der Inhalt der wichtigsten Einzelberichte wiedergegeben ist, und als ich darin auch den Bericht über die Verhandlungen fand, welche zum Abschlusse des Vasvárer Friedens geführt haben. Dass Veltzé, welcher die Publication dieser Schlussrelation vorbereitet hat, mir in uneigennützigster Weise die Benützung dieses Berichtes gestattet hat, verpflichtet mich zum wärmsten Danke.

Dass das k. und k. Kriegsarchiv für meine Zwecke werthvolles Material enthalten würde, konnte ich nicht bezweifeln, da ja der diplomatische Verkehr mit dem Oriente damals theilweise durch den Hofkriegsrath vermittelt wurde und auch manche militärische Anordnungen über die Politik der Regierung der Türkei gegenüber Licht verbreiten mussten. Für die Gestattung der Benützung und für die Förderung meiner Arbeiten spreche ich dem Director desselben, Sr. Excellenz Herrn Feldmarschalllieutenant Leander von Wetzer, und Herrn Hauptmann Veltzé meinen verbindlichsten Dank aus.

Leider enthält das Kriegsarchiv in Folge der umfassenden Ausscheidungen, welche in früheren Zeiten, wo man die Archive nur als Hilfsmittel für praktische Zwecke ansah, vorgenommen worden sind, nur wenige Stücke aus dieser Periode. Aber wenigstens einigen Ersatz bieten die noch erhaltenen Register, nämlich die ‚kaiserliche Hofkriegskanzlei-Registratur‘, in welcher die von dieser Kanzlei ausgefertigten Weisungen verzeichnet sind, und das ‚Protokollexpedit‘, in welches auch die eingelaufenen Berichte und andere Schriftstücke eingetragen wurden.[1]

---

[1] Ich werde erstere als ‚Registratur‘, letzteres als ‚Protokoll‘ citiren. 1658, wo Leopold I. wegen der Kaiserwahl in Frankfurt war, und 1660, wo er in der zweiten Hälfte des Jahres die Huldigung in den innerösterreichischen

Finden sich in diesen Registern, die ich für die Jahre 1658 bis 1661 durchgesehen habe, auch manchmal nur Schlagwörter, die man nicht verwerthen kann, so geben andere Eintragungen doch so viel vom Inhalte, dass man oft werthvolle Aufklärungen aus denselben erhält.

Endlich habe ich für die Jahre 1659 bis 1664 auch die ‚Dispacci' der venetianischen Botschafter Molin und Sagredo, welcher ersteren im Juli 1661 abgelöst hat, durchgesehen, wobei mir durch die Direction des k. k. Haus-, Hof- und Staatsarchivs die Benützung in jeder Weise erleichtert worden ist. Manche werthvolle Notizen habe ich denselben entnehmen können.

Leider ist das von mir gesammelte Material noch immer nicht vollständig und zeigt manche Lücken. Aber ich glaube doch, die Ergebnisse meiner Studien der Oeffentlichkeit nicht vorenthalten zu sollen, weil sie unsere bisherigen Kenntnisse immerhin nicht unwesentlich bereichern und berichtigen.

Ländern empfing, gab es zwei Abtheilungen des Kriegsrathes, indem ein Theil der Mitglieder ‚bei Hof anwesend,' der andere ‚in Wien hinterlassen' war.

1.

Oesterreichs Stellung zur siebenbürgischen Frage von der Absetzung Georgs II. Rákóczy bis zur Wegnahme Grosswardeins durch die Türken.

Der Friede, welchen Oesterreich am 11. November 1606 ‚an der Zsitva Mündung' (Zsitva torok) auf zwanzig Jahre geschlossen hat, ist von längerer Dauer gewesen als einer der früheren. Im Jahre 1615 ist er in Wien, 1625 in Gyarmat, 1642 in Szöny, 1649 in Constantinopel, und zwar gewöhnlich auf zwanzig Jahre erneuert worden. Zwar fehlte es auch während des Friedens nicht an Feindseligkeiten. Häufig wurden von den türkischen Grenzcommandanten Einfälle in das ungarische Gebiet unternommen, Ortschaften ausgeplündert, Vieh und zahlreiche Bewohner weggeschleppt, während ungarische Grosse oder kaiserliche Commandanten oft Gleiches mit Gleichem vergalten. Aber der Kaiser wie der Sultan betrachteten dies nicht als Friedensbruch, weil jener während des dreissigjährigen Krieges froh war, wenn er nicht auch mit den Türken in einen Krieg verwickelt wurde, die Kräfte der Pforte aber durch Aufstände im Innern, durch Kriege mit Persien und endlich seit 1645 durch den Kampf um Candia, welches die Türken den Venetianern zu entreissen suchten, in Anspruch genommen wurden. Endlich führten wie schon einmal im Jahre 1565 die Verhältnisse Siebenbürgens einen Krieg zwischen Oesterreich und der Pforte herbei.

Als der ehrgeizige Fürst Georg II. Rákóczy, der sich mit dem Schwedenkönige Karl X. zur Theilung des polnischen Reiches verband und im Jänner 1657 mit einem Heere die Karpaten überschritt, trotz der Befehle der Pforte nicht umkehrte, sah diese in dem eigenmächtigen Vorgehen eines Vasallen ein Vergehen, das man nicht unbestraft lassen dürfe. Man glaubte jetzt nach aussen energischer auftreten zu können, weil der neue Grosswesir Mohammed Köprili mit eiserner Hand die Ruhe im Innern hergestellt und das verfallene türkische Reich gekräftigt hatte. Der Sultan forderte daher den Chan der Tataren auf, Rákóczy für seinen Ungehorsam zu züchtigen, und befahl den drei Nationen Siebenbürgens, statt dieses Rebellen einen andern Fürsten zu wählen.

Da Rákóczy durch seinen Angriff auf Polen, der im Sommer 1657 mit dem Untergange des grössten Theiles seines Heeres und mit der Gefangennehmung des Restes durch die Tataren geendet hatte, sich auch unter den Siebenbürgern viele Feinde gemacht hatte, so wählten die Stände am 2. November 1657 den Franz Rhédey zum Fürsten, freilich mit der Bestimmung, dass Rákóczy seine Würde wieder erhalten sollte, wenn es ihm gelänge, den Zorn des Sultans zu besänftigen.[1] Rhédey wurde sofort vom Sultan als Fürst bestätigt, aber nur unter der Bedingung, dass er die befestigte Stadt Jenö an der Körös mit einigen umliegenden Palanken abtrete und den doppelten Tribut zahle, eine Forderung, welche der Grosswesir dem kaiserlichen Residenten Reniger gegenüber damit rechtfertigte, dass schon Bethlen Gabor dieses Versprechen gegeben, aber nicht gehalten habe.[2]

Rákóczy glaubte in der That, die Fürstenwürde wieder erlangen zu können. Er rechnete auf die Anhänglichkeit eines grossen Theiles seiner früheren Unterthanen, welche auch durch die von den Türken an ihren neuen Herrn gestellten Forderungen aufgeregt wurden, und auf die Hilfe der Woiwoden der Moldau und Walachei, welche mit seiner Unterstützung ihre Würden erhalten hatten. Er gab die Hoffnung nicht auf, die Pforte umstimmen zu können, weswegen er dem Chan der Tataren 50.000 Thaler versprach, wenn er sich zu seinen Gunsten beim Sultan verwendete. Er scheute im Nothfalle auch einen Krieg

---

[1] Für die inneren Angelegenheiten Siebenbürgens verweise ich auf die (freilich grossentheils in ungarischer Sprache geschriebenen) Actenstücke in ‚Monum. comitialia Transsylvaniae' XI. und XII. und die gediegenen Einleitungen Szylágyi's zu den einzelnen Abschnitten wie auf die ‚Siebenbürgische Chronik des Schässburger Stadtschreibers Georg Kraus' in Fontes rer. Austr., SS. III. und IV.

[2] Reniger's Berichte vom 6. Jänner und 19. März 1658. Ueber das Versprechen Bethlen's siehe meine ‚Geschichte Oesterreichs' 5. 78 ff.

mit den Türken nicht, gegen welche er die Hilfe des Königs Leopold I., der am 2. April 1657 seinem Vater Ferdinand III. auf den Thron von Ungarn wie in den böhmischen und österreichischen Ländern gefolgt war, zu erlangen suchte. Schon bald nach seiner Abdankung wendete er sich an den ungarischen Hofkanzler Szelepcsény, Erzbischof von Kalocsa, und liess ihm vorstellen, dass die auf Befehl der Pforte erfolgte Absetzung eines Fürsten von Siebenbürgen nur der erste Schritt zur Umwandlung dieses Landes in eine türkische Provinz sei, welche die Pforte schon bei der Einsetzung Bethlen's angestrebt und nur dieser vereitelt habe.[1]

Rákóczy wartete übrigens eine Antwort von Seite des Königs, der sich damals in Prag aufhielt, nicht ab. Als Rhédey am Beginn des Jahres 1658 in Mediasch einen Landtag hielt, zog Rákóczy mit bewaffneter Macht vor diese Stadt und griff sie an. Halb gezwungen, halb freiwillig erkannten die Stände ihn am 22. Jänner neuerdings als Fürsten an.

Wenn nun die Pforte dies nicht ruhig hinnahm, so musste sich Oesterreich entscheiden, ob es unthätig zusehen wollte, wie die Türken in Ungarn neuerdings eine nicht unbedeutende Gebietserwerbung machten und Siebenbürgen auf die Stufe der Moldau und Walachei hinabdrückten, wo die Pforte nach Belieben Woywoden ab- und einsetzte.

In der That wurden im Rathe des neuen Herrschers Stimmen laut, dass man die Absetzung Rákóczy's nicht dulden solle, weil nach den Bestimmungen des Friedens von Zsitva Torok keiner der beiden Kaiser in Siebenbürgen eine Neuerung einführen sollte, und auch die Abtretung Jenös an die Türken glaubte man nicht ruhig hinnehmen zu sollen.[2] Aber man begnügte sich dann doch mit einer Weisung an den Residenten Reniger, ‚sich mit guter Manier zu befleissen, der Türken Prätension wegen Jenö zu verhindern', weil dies in Ungarn böses Blut machen würde.[3]

---

[1] A. Szilágyi, Erdély és az északkeleti háború (Transsylvania et bellum boreoorientale. Acta et documenta) 2, 448 sqq.

[2] Dass man damals bezüglich beider Fragen vorübergehend diese Meinung gehabt habe, sagt Auersperg in einem Gutachten vom 30. October 1660 (Turcica).

[3] Damit beginnen die im Vorworte erwähnten Extracte, welche 1669 für den Kaiser über die siebenbürgische Angelegenheit gemacht worden sind.

Reniger machte auch dem Grosswesir Vorstellungen und meldete am 28. Februar und 1. März, die Pforte habe auf Jenö verzichten wollen, als auf die Nachricht, dass Rákóczy Siebenbürgen mit Gewalt wieder an sich gebracht habe, beschlossen worden sei, denselben als Rebellen mit Türken und Tataren zu überziehen. Am 25. März liess der Grosswesir selbst die Standarte ausstecken.[1]

Dadurch wurde nun die Frage acut, ob Oesterreich dem Fürsten Rákóczy gegen einen Angriff der Türken und Tataren Hilfe leisten solle oder nicht.

Für die Person desselben konnte der Kaiser keine Sympathien hegen, weil die Rákóczy immer eine dem Hause Oesterreich und dem Katholicismus feindselige Haltung eingenommen hatten. Aber mit der Person waren auch staatliche Interessen verknüpft. Denn Rákóczy besass nicht blos jene ungarischen Comitate, welche schon seit dem vorigen Jahrhundert zu Siebenbürgen gehört hatten (Zaránd, Bihar, Kraszna, Mittel-Szolnok und Marmaros), sondern nach den Bestimmungen des Friedens, den sein Vater 1645 mit Ferdinand III. in Wien geschlossen hatte, auch die Comitate Szathmár und Szabolcs mit der Burg Ecsed, die Festung Munkács im Beregher und Sarospatak wie die Burg und Herrschaft Tokaj im Zempliner Comitat. Das königlich ungarische Gebiet und die Besitzungen Rákóczy's lagen also theilweise durcheinander, und es konnte dem Kaiser nicht gleichgiltig sein, wenn die Türken oder der von ihnen eingesetzte Fürst von Siebenbürgen bei der Bekämpfung Rákóczy's sich auch der Herrschaften desselben zu bemächtigen suchten oder dabei gar königliches Gebiet besetzten oder wenigstens durchzogen und verwüsteten. Diese Verhältnisse konnten überhaupt leicht einen Bruch mit der Pforte herbeiführen. Denn der Kaiser hatte vielleicht nicht einmal das Recht, gewiss aber bei der geringen Truppenzahl, die damals in Ungarn stand, nicht die Macht, zu verhindern, dass Rákóczy im Falle einer in Siebenbürgen erlittenen Schlappe sich auf seine Besitzungen in Ungarn zurückzog und hier neue Kräfte sammelte, er konnte es nicht verwehren, wenn demselben nicht blos seine eigenen Leute zuliefen, sondern auch Unterthanen des Königs von Ungarn sich unter dessen Fahnen stellten. Andererseits hatte aber doch auch

---

[1] Berichte vom 3. und 8. April 1658. Mon. comit. Transsylv. 11, 380 ff.

die Pforte ein Recht, sich zu beschweren, wenn ihr Feind, wenn sie ihn besiegt hatte, auf ungarischem Gebiete eine Zuflucht fand und hier die Mittel erhielt, einen neuen Angriff auf Siebenbürgen vorzubereiten. Es waren dies Zustände, welche früher oder später fast nothwendig zu einem Conflicte führen mussten.

Schon im Februar 1658, ehe noch die Nachricht von der Wiedereinsetzung Rákóczy's nach Constantinopel gekommen war, beklagte sich der Grosswesir dem österreichischen Residenten gegenüber, dass jener nach einem Berichte Rhédey's von Ungarn aus in Siebenbürgen einbrechen wolle, dass seine Mutter unter des Kaisers Schutze dort Truppen werbe, und dass er auch von mehreren ungarischen Herren (Nádasdy, Forgách, Zriny, Batthyány) Unterstützung erwarte.[1] Als nun Reniger meldete, dass ein türkisches Heer und die Tataren gegen Rákóczy ziehen würden, sprachen auch die ‚hinterlassenen geheimen und deputirten Räthe'[2] in einem Gutachten an den König Leopold I. vom 27. März die Befürchtung aus, dass, wenn einmal jene in Siebenbürgen wären, auch Ungarn vom Feuer ergriffen werden, dass, wenn Rákóczy sich in die Comitate Szathmár und Szabolcs zurückzöge, die Tataren ihn verfolgen und auch Ortschaften des Königs, als angeblich Rákóczy gehörig, angreifen und dass auch die Türken dies als Vorwand benützen würden, da sie ja schon sagen, dass ein Theil der ungarischen Magnaten Rákóczy unterstütze. Dieselben riethen daher dem Kaiser, die wenigen in den Erbländern liegenden Truppen nach Ungarn führen zu lassen, da die Grenzfestungen ganz vernachlässigt und zum Widerstande unfähig seien. Dadurch würde auch den Ungarn, die ganz desparat seien, einigermassen Muth gemacht worden.

In der That wurde auch im April der Beschluss gefasst, deutsche Völker, und zwar 10 Regimenter, unter dem Feldmarschall Markgrafen Hannibal Gonzaga nach Ungarn zu schicken und bei Kaschau Stellung nehmen zu lassen, was aber

---

[1] Reniger's Berichte vom 18. und 28. Februar und 1. März.
[2] So hiessen jene geheimen Räthe, welche, während ein Theil derselben Leopold I. zur Kaiserwahl nach Frankfurt begleitete, in Wien zurückblieben. Ihre Namen sind in ihren Gutachten und Berichten nicht genannt. Aber nach den Siegeln, welche einem Berichte vom 26. April aufgedruckt sind, waren es der Markgraf von Gonzaga, die Grafen Traun, Cavriani, Trautson und Freiherr Schmid von Schwarzenhorn. (Gütige Mittheilung des Herrn Dr. von Siegenfeld.)

dann dahin abgeändert wurde, dass die Armee nicht nach Oberungarn ziehen, sondern sich bei Komorn aufstellen sollte, weil es dort an Proviant fehlte und Kaschau sich weigerte, eine deutsche Besatzung aufzunehmen.[1]

Die hervorragendsten Würdenträger Ungarns waren dafür, dass der Kaiser sich Rákóczy's annehmen solle. Ohne Siebenbürgen, erklärten der Graner Erzbischof Lippay und andere Magnaten, werde sich auch Ungarn nicht behaupten lassen. Während die hinterlassenen geheimen Räthe in ihrem Gutachten vom 27. März 1658 ihrem Monarchen riethen, dem Grosswesir durch den nach Wien geschickten Aga sagen zu lassen, dass der König die Aufrechthaltung des Friedens wünsche, und dass er Rákóczy keine Hilfe zu Theil werden lasse, eine Versicherung, die dann auch der Obersthofmeister Graf Portia in einem Schreiben an den Grosswesir aus Frankfurt vom 7. April abgab, waren der Erzbischof und der Palatin Wesselény für ein energischeres Vorgehen. In einem am 26. Juli[2] aus Pressburg erstatteten Gutachten sagten sie, alle Ungarn erklären es für unmöglich, dass sie nach dem Verluste Siebenbürgens bestehen könnten. Es sei die grösste Wahrscheinlichkeit, dass die Türken auch mit dem Kaiser Krieg anfangen, schon deswegen, weil die Besitzungen Rákóczy's mit denen des Kaisers vermischt seien. Dieser solle daher unverzüglich einen Internuntius an die Pforte schicken, um zu sehen, ob diese den Frieden halten und Siebenbürgen die frühere Unabhängigkeit lassen wolle, unterdessen aber alles für einen eventuellen Krieg vorbereiten, mit Rákóczy und den früheren Woiwoden von der Moldau und Walachei, welche wegen ihrer engen Verbindung mit Rákóczy von den Türken vertrieben worden waren, ein Bündniss schliessen, die deutschen Reichsstände um ihre Unterstützung ersuchen und den ungarischen Reichstag einberufen, um sich über Vertheidigungsmassregeln zu berathen.[3]

Zu einer solchen Politik, welche wahrscheinlich einen Bruch mit der Pforte herbeigeführt hätte, wollte sich aber Leopold I. um

---

[1] Kriegsarchiv, ‚Registratur‘, Protokolle der Expeditionen der bei Hofe anwesenden Hofkriegsräthe 1658, fol. 73. 85. 96, Protokoll von der Reise und der hinterlassenen Hofkriegsräthe vom 8. und 15. Mai, fol. 195. 239.
[2] Sie berufen sich darin auch auf frühere Gutachten.
[3] K. k. Haus-, Hof- und Staatsarchiv, ‚Hungarica‘.

so weniger entschliessen, als er ja damals in einen Krieg mit
Schweden verwickelt war, welcher den besten Theil seiner
Streitkräfte in Anspruch nahm. Auf das Ansuchen, welches
Rákóczy Ende April durch seinen Kämmerer Gabriel Kövér an
ihn richtete, ihm Truppen zu Hilfe zu schicken oder wenigstens
Jenö im Falle einer Gefahr durch 1000 bis 1500 Musketiere
besetzen zu lassen, gab er eine ausweichende Antwort.[1] Als
er im Mai Truppen nach Ungarn schickte, liess er durch den
Residenten die Erklärung abgeben, dass dies nur zum Schutze
der Grenzen geschehen sei.[2] Der Grosswesir nahm dies auch
gut auf und bemerkte, man werde sich, auch wenn 100.000 oder
200.000 dahin kämen, nichts daraus machen, so lange sie keinen
Anlass zu Klagen geben, und werde sein Wort eben so gut
halten, als wenn 10 Mann dort wären.

Dem Grosswesir, welcher bei der Jugend und Vergnügungssucht des Sultans Mohammed IV. die Geschicke der Türkei
mit unumschränkter Gewalt leitete, konnte es ja nur erwünscht
sein, wenn der Kaiser sich auf den Schutz seines Gebietes beschränkte und ihm in Siebenbürgen freie Hand liess. Denn die
Bemühungen Rákóczy's, die Gnade des Sultans zu erwerben,
waren vergeblich. Im Sommer 1658 fielen der Tatarenchan
mit den neuen Woiwoden der Moldau und Walachei, welche
die Pforte nach der Vertreibung der Verbündeten Rákóczy's
dort eingesetzt hatte, und der Pascha von Silistria in Siebenbürgen ein, welches aus Furcht vor den Türken keine ernstlichen Vertheidigungsmassregeln getroffen hatte, verwüsteten und
brandschatzten einen grossen Theil des Landes und führten
Tausende von Bewohnern als Gefangene hinweg. Gleichzeitig
nahm der Grosswesir die Festung Jenö weg, welche der Commandant am 2. September ohne Widerstand übergab, und zwang
dann den Siebenbürgern, obwohl sie durch ein Privileg Suleimans II. das Recht erhalten hatten, ihren Fürsten frei zu wählen,
den Achaz Barcsay als Herrn auf, der ihm auch noch Karansebes und Lugos mit den dazu gehörigen Dörfern abtreten und
versprechen musste, einen jährlichen Tribut von 40.000 statt
wie bisher von 15.000 Ducaten zu entrichten und eine Kriegs-

---

[1] Mon. comit. Transsylv. 11, 385—392. Mon. Hung. hist. Dipl. 23, 619.
[2] Weisung an Reniger vom 9. Mai Extr. und Schreiben des Freiherrn von
Schwarzenhorn vom 28. Mai erwähnt in Reniger's Bericht vom 24. Juni.

entschädigung von 500.000 Thalern zu zahlen. Ja die Tataren streiften bis an die Theiss, verbrannten einige Dörfer und entführten mehrere tausend Menschen. Es hatte also wirklich, wie man befürchtet hatte, eine Verletzung des ungarischen Gebietes stattgefunden. Man besorgte zugleich, dass die Türken, wie sie Jenö weggenommen hatten, auch noch Grosswardein, die stärkste Festung des östlichen Ungarn, in ihre Gewalt zu bringen suchen würden.

Dessenungeachtet beschränkte sich Oesterreich auch jetzt auf diplomatische Vorstellungen. Reniger erhielt die Weisung, wegen des Streifzuges der Tataren sich zu beschweren, worauf der Grosswesir erwiderte, dass dies nicht befohlen worden und nur deswegen geschehen sei, weil die Grenzen des kaiserlichen Gebietes sich so weit erstrecken. Man liess neuerdings versichern, dass der Kaiser Rákóczy nie unterstützt habe und nie unterstützen werde, sprach aber die Hoffnung aus, dass die Türken Siebenbürgen verschonen und den Ständen das Recht der freien Fürstenwahl und ihre Festungen lassen würden.[1]

Leopold I., der unterdessen zum Kaiser gewählt worden war, liess der Pforte zugleich einen neuen Vorschlag machen, der, wie man glaubte, die siebenbürgische Frage wenigstens für einige Zeit aus der Welt schaffen würde. Am 6. Jänner 1659 erhielt Reniger die Weisung, bei der Pforte den Antrag zu stellen, dass sie Barcsay befehle, gegen Rákóczy und die noch in seinen Händen befindlichen Besitzungen keine Feindseligkeiten zu verüben, wogegen auch der Kaiser dafür sorgen wollte, dass Rákóczy sich zur Ruhe begebe. Auf dieser Grundlage könnte man auch zwischen den beiden Rivalen auf einige Jahre einen Waffenstillstand schliessen lassen. Namentlich Grosswardein suchte man vor den Türken zu retten, ohne freilich für dasselbe etwas thun zu wollen. Der Resident sollte darauf sehen, dass es weder in die Hände Barcsay's noch in die der Türken falle. Wenn der Grosswesir die Entfestigung vorschlüge, sollte Reniger dies ad referendum nehmen. Wenn es aber von der Pforte absolut gefordert würde, sollte er sagen, er habe deswegen keinen Befehl, aber es würde dies die ganze Christenheit irritiren.

---

[1] Weisung an Reniger vom 14. September 1658 und Bericht desselben vom 23. Jänner 1659.

Zu gleicher Zeit wurden zwischen Barcsay und den siebenbürgischen Ständen einerseits und Rákóczy, der sich auf seine ungarischen Besitzungen zurückgezogen hatte, andererseits Unterhandlungen geführt, die sich auf einer ähnlichen Basis bewegten wie jene, welche der Kaiser vorgeschlagen hatte, und am 30. Jänner 1659 auch wirklich zu einem Abkommen führten. Rákóczy versprach gegen vollständige Amnestie für seine Anhänger und andere Zusicherungen Grosswardein und Kövár mit ihrem Gebiete an Siebenbürgen zurückzustellen unter der Bedingung, dass es nie in die Hände der Türken geliefert würde.[1] Nachdem dieser Vertrag am 3. März auch von den siebenbürgischen Ständen bestätigt worden war,[2] wurden die genannten Festungen den Siebenbürgern übergeben.

Wenn aber jemand glaubte, dass damit in Siebenbürgen die Ruhe hergestellt wäre, so rechnete er nicht mit dem Hasse der Türken gegen Rákóczy. Als Reniger dem Grosswesir und dem Reis Kitab oder Kanzler den Vorschlag machte, dass die Pforte Barcsay und Rákóczy bei ihren gegenwärtigen Besitzungen bleiben lassen und dass sie jenen, der Kaiser diesen im Zaume halten sollte, erklärten beide es für unmöglich, dass Rákóczy den besten Theil Siebenbürgens behalte und Barcsay den Tribut zahle, jener aber den Nutzen habe. So lange dieser Mensch dort sei, werde keine Ruhe sein. Es sei die Ehre des Sultans engagirt. Der Kaiser solle denselben stranguliren oder beim Kopf nehmen lassen, sonst werde man ihn neuerdings bekriegen. Der Resident bemerkte zwar, Köpfen und Stranguliren sei bei den Christen nicht in Brauch; auch sei Rákóczy Landesmitglied des Königreiches Ungarn, und man könne ihn nicht ohne Ursache hinausstossen. Aber der Grosswesir versicherte neuerdings, so lange ein Türke vorhanden, werde man Rákóczy bekriegen. Auch als die Nachricht kam, dass dieser mit Barcsay und den Siebenbürgern wegen der noch in seinem Besitze befindlichen Ortschaften und Festungen unterhandle, schrieb der Grosswesir, wie Reniger meldete, an Barcsay, der Sultan wolle nicht hören, dass Rákóczy lebe, viel weniger dass man mit ihm Verträge schliesse. Er solle diesen so weit als möglich verfolgen. Reniger rieth daher auch dem Kaiser, sich für Rákóczy nicht mehr zu verwenden; es sei kein anderes Mittel, als dass

---

[1] Mon. comit. Transsylv. 12, 146 sqq. [2] Ibid. 12, 194 sqq.

dieser sich einige Zeit aus Ungarn oder gar Oesterreich retirire und bessere Zeiten abwarte.[1] Der Kaiser beeilte sich daher auch, der Pforte die Versicherung geben zu lassen, dass er sich in das Rákóczy'sche Wesen nicht einmische, und dem Residenten zu befehlen, in der siebenbürgischen Sache vorsichtig vorzugehen, sich nach der Stimmung der Pforte zu richten, sich zu stellen, als ob der Kaiser mit Barcsay wohl zufrieden sei, und diesem soweit als möglich zu helfen, damit nicht etwa die Pforte als Pfand für die als Kriegsentschädigung geforderte grosse Summe, welche die Siebenbürger nur schwer und langsam aufbrachten, Grosswardein an sich bringe.[2]

Noch vor der Herausgabe Grosswardeins durch Rákóczy hatte Barcsay den Kaiser ersucht, dass dieser seinem Gegner keine Hilfe leisten und die demselben überlassenen Comitate Szathmár und Szabolcs, von welchen aus Siebenbürgen bedroht werde, in Besitz nehmen möge, weil sie sonst die Türken occupiren würden, welche nicht dulden wollten, dass Rákóczy oder sein Sohn, seine Mutter oder seine Gattin auch nur eine Hand breit Land besitzen.[3] Es wurde nun im Mai der Hofkammerrath Freiherr von Radolt beauftragt, Rákóczy dahin zu bringen, dass er, da die Türken ihn nicht in Ungarn dulden wollten, die festen Plätze in den genannten Comitaten freiwillig dem Kaiser übergebe, mit der Versicherung, dass die Einkünfte ihm verbleiben, die kaiserlichen Garnisonen von der Hofkammer unterhalten und nach Beseitigung der dem Königreiche drohenden Gefahr die Festungen ihm wieder zurückgestellt werden sollten. Rákóczy zeigte sich Anfangs geneigt, in die Festungen Szathmár und Kallo kaiserliche Besitzungen aufzunehmen, machte aber bald Schwierigkeiten. Er wollte sich erst im Falle einer unmittelbar drohenden Gefahr dazu herbeilassen und verlangte

---

[1] Reniger's Bericht vom 16. März und 7. April. — Auch dem schlesischen Kammerrathe Augustin von Mayern, der im Mai 1659 als Internuntius an die Pforte abgeschickt wurde, um dem Sultan die Wahl und Krönung Leopolds I. zum Kaiser zu melden, und am 30. Juli in Brusa ankam, erklärten der Sultan und der Grosswesir, der Kaiser solle Rákóczy ausliefern, widrigenfalls ihn die Türken auch auf dem Gebiete des Kaisers aufsuchen würden. Mayern's Relation vom 15. December 1659.
[2] Weisungen an Reniger vom 16. April, 23. Mai und 10. Juli.
[3] Mon. comit. Transsylv. 12, 310 sqq.

dann noch eine Versicherung von Seite des ungarischen Landtages.[1] Unterdessen trat in der siebenbürgischen Angelegenheit eine neue verhängnissvolle Wendung ein. Theils in Folge des Drängens der Türken, theils aus egoistischen Motiven verletzten Barcsay und die Stände die Bedingungen des mit Rákóczy geschlossenen Vertrages und nahmen gegen ihn und seine Anhänger eine feindselige Haltung ein. Nun beschloss dieser neuerdings sein Glück zu versuchen. Er sammelte in Oberungarn seine Anhänger und Soldtruppen, begann Ende August die Feindseligkeiten und drang in Siebenbürgen ein. Da ihm niemand Widerstand leistete und Barcsay selbst zum Pascha von Temesvár floh, so war in wenigen Tagen fast das ganze Land in seinen Händen. Ein Landtag, welchen er auf den 24. September nach Maros-Vásárhely berief, erkannte ihn neuerdings als Fürsten an. Ein Abmahnungsschreiben, welches der Kaiser am 22. August an Rákóczy gerichtet hatte,[2] war diesem zu spät zugekommen und hätte wohl auch keine Wirkung auf ihn hervorgebracht.

Ende November führte nun allerdings Seidi Ahmed, Pascha von Ofen, Barcsay wieder nach Siebenbürgen zurück. Aber da die Türken am Ende des Jahres das Land wieder verliessen, erkannte der grösste Theil desselben Rákóczy als Fürsten an. Barcsay, welcher sich nach Hermannstadt zurückgezogen hatte, wurde nur durch die Ausdauer der dortigen

---

[1] ‚Registratur‘ 1659 fol. 133, 143 und 154 (an Radolt vom 13. und 14. Juni als Antwort auf seine Berichte vom 31. Mai und 7. Juni aus Eperies und an Nádasdy vom 21. Juni). Schreiben Radolts vom 20. und Leopolds I. vom 29. Juli in Mon. Hung. Dipl. 23, 649 sqq., und Bericht Petheö's, Vicegenerals in Oberungarn, vom 22. und 23. August, im ‚Protokoll‘ fol. 342. Vgl. fol. 466 b und 467. — Durch den Feldmarschall Gonzaga (11. August) liess man dem neuen Wesir von Ofen und durch Reniger (6. September) auch der Pforte die beabsichtigte Besitznahme der beiden Comitate in dem Lichte darstellen, dass dies nur deswegen geschehe, damit nicht die türkischen Grenzgebiete und die Siebenbürger durch die Rákóczy'schen beunruhigt würden.

[2] Mon. comit. Transsylv. 12, 357. (Das vom Tage vorher ibid. p. 355 ist wahrscheinlich nicht abgegangen.) Die Antwort Rákóczy's vom 14. September p. 358. Er bemerkt darin, dass er Auftrag gegeben habe, die Festungen Szathmár und Kallo den kaiserlichen Besatzungen einzuräumen, hat aber dann, als seine Lage sich günstiger gestaltete, dies doch wieder verschoben. ‚Protokoll‘ 1659 fol. 532 b.

Bürger gerettet, welche eine mehrmonatliche Belagerung aushielten.

Dieser Erfolg Rákóczy's liess für den Sommer 1660 einen neuen Angriff der Türken auf Siebenbürgen mit Sicherheit voraussehen, und dann lag wieder die Gefahr nahe, dass nicht blos Siebenbürgen in eine noch grössere Abhängigkeit von der Pforte gebracht und vielleicht wie 1658 wieder einer Festung beraubt, sondern dass auch die Besitzungen Rákóczy's im nordöstlichen Ungarn angegriffen werden würden. Es entstand daher für den Kaiser die Frage, welche Massregeln er zum Schutze seines Gebietes ergreifen sollte.

Im Februar 1660 wurde in Wien eine Conferenz darüber abgehalten, was man auf einen Bericht Reniger's und das Gutachten des Graner Erzbischofs, des Palatins, des Grafen Nádasdy und des Bans Zriny in Beziehung auf das siebenbürgische Wesen und den etwa erfolgenden Türkenkrieg thun, wie man sich der zwei Gespanschaften Szabolcs und Szathmár mit der Festung Kallo bemächtigen und was ein an Rákóczy abzusendender Bevollmächtigter deswegen verrichten sollte.[1]

Offenbar auf Grund dieser Berathungen beschloss der Kaiser, wie am 24. Februar an Reniger berichtet wurde, ein deutsches Corps nach Oberungarn zu senden, an der Theiss Stellung nehmen zu lassen, sich der beiden Gespanschaften, besonders Szathmárs, zu bemächtigen und dem Rákóczy den Rückzug zu verwehren, eine Mittheilung, welche die Türken mehr mit Wohlgefallen als mit Bedenken aufnahmen.[2]

Für diese Aufgabe wurde das Corps des Feldzeugmeisters de Souches bestimmt, welches in Westpreussen und Pommern gegen die Schweden gekämpft hatte, aber jetzt, wo der Abschluss des Friedens bevorstand, dort entbehrlich schien und im Winter theilweise in den böhmischen Ländern einquartirt worden war. General Heister, der eine Abtheilung desselben commandirte, sollte durch Polen nach Bartfeld, de Souches selbst durch den Jablunkapass nach Oberungarn ziehen. Die deutschen

---

[1] ‚Protokoll' 1660 fol. 74.
[2] So schreibt Reniger am 7. und 13. April an den Kaiser. In letzterem Berichte bemerkte er, die Pforte wundere sich, dass der Kaiser die zwei Gespanschaften noch nicht eingezogen habe; wenn es nicht bald geschehe, würden sie die Türken angreifen.

Truppen sollten durch die Hofkammer unterhalten, dem Palatin 10.000 Gulden zur Werbung von 2000 Husaren angewiesen werden.[1] Ehe noch die Truppen ihr Ziel erreicht hatten,[2] war in Siebenbürgen die Katastrophe eingetreten. Anfangs Mai hatte Seidi Ahmed Pascha einen neuen Angriff auf das zu Siebenbürgen gehörige Biharer Comitat unternommen und war dann gegen Klausenburg vorgedrungen. Westlich von dieser Stadt zwischen Gyalu und Fenes erlitt Rákóczy, der auf die Nachricht vom Anmarsche der Türken die Belagerung von Hermannstadt aufgehoben hatte, am 22. Mai eine vollständige Niederlage und empfing mehrere Wunden, die am 7. Juni 1660 seinen Tod herbeiführten.

Jetzt galt es für die kaiserliche Regierung um so mehr sich zu beeilen. Hatte ja Reniger schon am 25. April aus Adrianopel an den Kaiser berichtet, dass Ali Pascha, welcher zum Serdar ernannt worden war, mit 10.000 Mann nach Belgrad aufgebrochen sei, dass die Paschas aus Asien nachrücken und dass, wenn Grosswardein noch in den Händen Rákóczy's wäre, nicht blos ein Angriff der Türken auf diese, sondern auch auf andere Festungen und auch ein Anschlag auf die zwei Gespanschaften zu fürchten sei. In der That hatten die Türken, wie der Palatin am 3. und 4. Mai meldete, einen Theil des Szabolcser Comitates ausgeplündert und verheert und der Pascha von Ofen die Haiduken zur Unterwerfung aufgefordert.[3] Die Besetzung der zwei Comitate oder die Occupation Siebenbürgens durch die

---

[1] Notizen hierüber aus dem März und April im ‚Protokoll' 1660 fol. 108b, 151b, 155b, ‚Registratur' fol. 37, 60b, 61b, 66, 95b. Der Palatin hatte als Anführer der Truppen Starhemberg oder für ‚schwere Impresen' Enckevoert vorgeschlagen, gegen Heister speciell Vorstellungen gemacht. ‚Protokoll' fol. 166. Man hatte auch am Hofe, wie der venetianische Botschafter am 1. Mai berichtete, an Enckevoert gedacht, musste aber wegen der Kränklichkeit desselben davon absehen. Dispacci. T. 116, fol. 195.

[2] Erst am 8. Juni berichtet Heister, dass er in Eperies angekommen sei und sich mit de Souches vereinigen werde. ‚Protokoll' fol. 234.

[3] ‚Protokoll' 1660 fol. 192. Als der Resident, dem am 10. Mai davon Mittheilung gemacht worden war, sich beschwerte, sagte man, wie dieser am 13. Juni berichtet, den Einfall habe ein Pascha unternommen, der mit Rákóczy heimlich einverstanden gewesen sei; warum habe der Kaiser die zwei Gespanschaften nicht früher eingezogen!

Türken wollte der Kaiser aber durchaus nicht dulden, wie Graf Portia dem venetianischen Botschafter erklärte.[1] Auf die Nachricht von der Niederlage und tödtlichen Verwundung Rákóczy's, die am Wiener Hofe mit Freude vernommen wurde, befahl denn auch der Kaiser, dass seine Truppen die Theiss überschreiten, die zwei Gespanschaften wohl besetzen und dem Königreiche Ungarn wieder einverleiben, nach Tokaj eine Garnison legen und sich bei Szathmár aufstellen sollten.[2] Da die Witwe Rákóczy's, welche zum Katholicismus übertrat und nur beim Kaiser gegen die Türken Schutz finden konnte, dagegen keine Schwierigkeiten machte, so wurde Tokaj von den Kaiserlichen besetzt, und die Bewohner der zwei Comitate leisteten am 20. Juli die Huldigung.[3]

Der Kaiser hatte nach Rákóczy's Tode beschlossen, an Reniger zu schreiben, er möge sich bemühen, dass in Siebenbürgen ein katholischer Fürst eingesetzt werde, wozu Franz Kornis vorgeschlagen wurde. Wenn dies nicht zu erreichen wäre, sollte er sich für Rhédey oder endlich für die Bestätigung Barcsay's verwenden, aber jedenfalls verhüten, dass Kemény oder gar ein Pascha dahin gesetzt werde.[4] Es ist aber zweifelhaft, ob eine solche Weisung an den Residenten abgeschickt worden ist, da er nichts davon erwähnt.

Bald bedrückte den Kaiser und seine Räthe eine andere Sorge. Man befürchtete allgemein einen Angriff der Türken auf Grosswardein, welches in den Händen der Anhänger Rákóczy's war, aber eine ganz ungenügende Besatzung von 850 Mann hatte. Wie der Erzbischof Lippay am 16. Juni berichtete, war der Commandant bereit, die Festung dem Kaiser zu übergeben, wenn man ihn bei seiner Religion lassen und dafür belohnen wollte.[5] Sicher ist, dass er bereit war, ja dringend

---

[1] Bericht Molin's vom 12. Juni. Dispacci, T. 116, fol. 489.
[2] Mittheilung an die ungarische Hofkanzlei vom 12. Juni und an den Palatin vom 14. Juni. ‚Protokoll' 1660 fol. 236b und ‚Registratur' 1660 fol. 102.
[3] Berichte des Palatins und de Souches' vom 8.—22. Juni und 14. Juli im ‚Protokoll' fol. 267, 272, 285.
[4] Erwähnt in der Mittheilung an die ungarische Hofkanzlei vom 12. Juni. ‚Protokoll' fol. 236b.
[5] ‚Protokoll' 1660 fol. 267b. Ein ähnlicher Bericht traf am 17. Juni vom Palatin ein, wie Molin berichtet. Dispacci, l. c. fol. 537.

wünschte, kaiserliche Truppen zur Verstärkung der Besatzung in die Festung aufzunehmen, und dass er zu diesem Zwecke 300—400 Musketiere verlangt hat. Der Palatin, welcher dies am 3. Juli dem Hofkriegsrathe meldete, sendete einige Tage darauf an diesen die dringendsten Bitten, dass man Grosswardein nicht in die Hände der Türken fallen lassen möge.[1] Am 3. Juli hatte auch de Souches an den Hofkriegsrath die Anfrage gerichtet, ob er sich Grosswardeins bemächtigen dürfe.[2]

Aber schon am 29. Juni war an de Souches der Befehl abgegangen, einen Bruch mit den Türken auf alle Weise zu verhüten. Auch an den Palatin wurde am 9. Juli, ehe noch seine erwähnten Mittheilungen eingetroffen waren, geschrieben, dass es nicht rathsam sei, eine kaiserliche Besatzung nach Grosswardein zu legen.[3]

Wenn man zum Schutze Grosswardeins etwas thun wollte, war jedenfalls Eile nothwendig. Aber ein rascher Entschluss war sehr erschwert, weil sich der Kaiser damals nach Graz begeben hatte, um hier und in den anderen Ländern Innerösterreichs die Huldigung zu empfangen.[4] Erst nach längerer Zeit erhielt de Souches ein kaiserliches Rescript, welches ihm gestattete, mit der Armee so weit gegen Grosswardein vorzurücken, dass sie in des Kaisers Gebiet an einem bequemen Orte Posto fassen könnte, und von da aus Ali Pascha zu ermahnen. Was man damit erreichen wollte, ist freilich nicht zu erkennen, da sich Ali durch blosse ‚Ermahnungen' gewiss nicht von einem Angriffe auf Grosswardein abhalten liess. De Souches und der Palatin beschlossen denn auch, mit der Armee stehen zu bleiben, weil sie sich zu einem offenen Kampfe mit den Türken zu schwach fühlten, so lange nicht drei aus Mähren heranziehende Regimenter eingetroffen und die ungarische Insurrection aufgeboten wäre.[5]

Wie am 1. August vom Hofkriegsrathe dem Palatin geschrieben wurde, fanden in Wien Berathungen statt, ‚wie beim

---

[1] ‚Protokoll' 1660 fol. 280, 283 b.
[2] Ebendaselbst fol. 279 b.
[3] ‚Registratur' 1660 fol. 106 b, 119 ff.
[4] In Graz fand sie am 5. Juli statt. Von da begab sich der Kaiser nach einem längeren Aufenthalt nach Klagenfurt, Laibach, Görz und Triest.
[5] De Souches vom 2., Wesselény vom 1. und 6. August. ‚Protokoll' fol. 303, 306 ff., 334.

gefährlichen Zustande Grosswardeins zu helfen' wäre.[1] Da in Ungarn wegen der lauen Haltung der Regierung, welche sich nie entschliessen konnte, den Fortschritten der Türken im Nothfalle mit Waffengewalt entgegenzutreten, eine furchtbare Aufregung bestand und man offen sagte, dass man ihnen lieber erlauben solle, sich unter den Schutz der Türken zu begeben, wenn man sie doch nicht schützen könne,[2] so berief man die hervorragendsten ungarischen Magnaten, den Erzbischof Lippay, den Bischof von Raab und die Grafen Nádasdy, Niklas Zriny, Franz Batthyány und Erdödy,[3] nach Graz, wo der Kaiser selbst mit ihnen sich berathen wollte. Am 9. August[4] kamen sie daselbst an. In einer weitläufigen Denkschrift[5] setzten sie die Gründe auseinander, welche ihrer Meinung nach für ein Einschreiten des Kaisers zum Schutze Grosswardeins sprachen. Diese Gründe wurden theilweise gewiss auch von den übrigen Räthen des Kaisers getheilt. Denn dass Grosswardein eine der stärksten Festungen der Christenheit sei und sein Fall von den nachtheiligsten Folgen begleitet sein könne, war ja unbestreitbar, wenn auch ihre Behauptung, dass der Fall dieses Platzes den Ruin Ungarns, besonders Oberungarns, und die Umwandlung Siebenbürgens in ein Paschalik mit sich ziehen würde, durch die späteren Ereignisse widerlegt wurde. Auch ihre weiteren Darlegungen, dass man im Nothfalle einen Krieg mit den Türken nicht scheuen solle, weil diese durch den Einfall in die zwei Comitate und ihr gewaltsames Auftreten in Siebenbürgen eigentlich den Krieg mit dem Kaiser schon begonnen hätten und nicht mehr so stark seien als früher, waren nicht unbegründet. Aber die Rettung Grosswardeins stellten sie sich doch etwas zu leicht vor, und sie operirten mit Zahlen, hinter welchen die wirklichen theilweise weit zurückstanden. Sie sagten, das Heer Ali Paschas sei angeblich 40.000 Mann stark, aber thatsächlich viel schwächer.

---

[1] ‚Registratur' fol. 145.
[2] Ueber die böse Stimmung der Ungarn, die schon die Unterstützung Rákóczy's verlangt hatten, berichtet der venetianische Botschafter fast in jeder Depesche.
[3] Ihre Namen in ‚Registratur' fol. 138.
[4] Diesen Tag gibt Molin in seiner Depesche vom 10. August (Dispacci, p. 807) an.
[5] Sie finden sich als Beilage zu einem Berichte Molin's a. a. O. nach p. 854.

Dagegen habe de Souches 10.000 Mann sehr guter deutscher Truppen, 3000 seien auf dem Marsche zu ihm, der Palatin habe 2000 ungarische Reiter, von den Hajduken seien mehr als 6000 (?) Mann bereit, die Witwe Rákóczy's habe 2000 (?) Mann, was also 25.000 (!) gute Soldaten ausmache, und in den oberungarischen Comitaten sei die Insurrection jede Stunde zum Ausrücken bereit, was wieder 10.000 (?) Mann geben würde. Man solle übrigens, meinten sie, dem Belagerungsheere keine Schlacht liefern, was gefährlich und ein offener Bruch mit der Pforte wäre. Vielmehr sollten de Souches und der Palatin eine Hilfsschaar, besonders Deutsche nach Grosswardein hineinzubringen suchen, was für die Türken kein genügender Grund zum Bruche wäre. Wie man dies anstellen könne, ohne dass es mit den Belagerern zu einem Kampfe käme, vergassen sie anzugeben.

Mehr Eindruck als diese Gründe machte vielleicht, dass die Ungarn mit einer Rebellion drohten und erklärten, sich entweder mit dem Kaiser vertheidigen oder sich mit den Türken einigen zu wollen, und dass man aus einem aufgefangenen Briefe der Pforte an Ali Pascha erfuhr, dass diesem aufgetragen worden war, sich nicht blos Grosswardeins, sondern aller Festungen und Güter Rákóczy's zu bemächtigen. Der Kaiser selbst soll den Ausschlag gegeben und nach langen Berathungen seiner Minister und der Ungarn erklärt haben, man müsse sich in der Sache Gottes auf die Vorsehung verlassen. Es wurde beschlossen, Grosswardein zu unterstützen, aber sich dabei in keine Schlacht einzulassen, um nicht das Heer und damit die Länder des Kaisers auf das Spiel zu setzen.[1] Am 11. August wurde an den Palatin ein Befehl über die Einführung eines Succurses nach Grosswardein ausgefertigt und ihm aufgetragen, über die Art der Ausführung sich mit de Souches und anderen Kriegsofficieren zu berathen.[2]

Noch konnte diese Weisung nicht an den Palatin an die Theiss gelangt sein, als dieser am 16. August dem Kaiser meldete,

---

[1] Berichte Molin's aus Graz vom 14. und 17. August. Dispacci, l. c. p. 836 ff., 843 ff.

[2] ‚Registratur' 1660 fol. 156 b. An Reniger meldete der Kaiser am 16. August, er habe, weil er den Frieden mit den Türken nicht brechen wolle, dem Palatin und de Souches befohlen, dass sie, ‚wenn es militariter mit guter Sicherheit und ohne Riskirung unserer Armada geschehen könnte', einen Succurs von Deutschen und Ungarn hineinschicken mögen.

dass die Succurirung Grosswardeins ohne offenen Streich nicht geschehen könne.[1] Um diese Zeit war übrigens Grosswardein bereits dem Falle nahe. Am 16. Juli hatte Ali Pascha die Belagerung der Festung begonnen. Am 27. August musste die Besatzung, welche auf 300 Kampffähige zusammengeschmolzen war, nach heldenmüthiger Vertheidigung gegen freien Abzug dieselbe übergeben.

II.

Oesterreichs schwankende Haltung von der Eroberung Grosswardeins durch die Türken bis zum Ausbruche des Krieges.

War schon die Wegnahme Grosswardeins, durch welche den Türken auch der Weg nach dem nordöstlichen Ungarn geöffnet wurde, ein schwerer Schläg für den Kaiser, so wurde die Aufregung am Hofe noch dadurch vermehrt, dass die von verschiedenen Seiten eintreffenden Nachrichten noch weitere Uebergriffe der Türken befürchten liessen.

Am 28. Juni meldete Reniger aus Adrianopel, wo der Sultan sich aufhielt, der Grosswesir habe ihm gleich auf die Nachricht vom Tode Rákóczy's durch den Dolmetsch Panajotti sagen lassen, dass dessen Güter und Schätze, wo immer sie gelegen wären, dem Sultan heimgefallen seien. Der Grosswesir, den der Sultan absolut regieren lasse, habe auch am 17. Juni an Ali Pascha den Befehl geschickt, sich nicht blos Grosswardeins, sondern auch Klausenburgs in Siebenbürgen zu bemächtigen, alle Güter Rákóczy's einzuziehen und einen Pascha darüber zu setzen. Die Türken, schrieb er am 10. Juli, seien seit der Niederlage Rákóczy's so stolz und übermüthig, dass sie öffentlich sagen, sie trauten sich ohne Widerstand ganz Ungarn und sogar Wien einzunehmen. Am Hofe traf weiter noch im Juni die Meldung ein, dass die Türken Szathmár, das doch nur Rákóczy für seine Person übertragen worden war, eingenommen und dem Barcsay hätten schwören lassen, und dass

---

[1] ‚Protokoll' 1660 fol. 337b, 338.

Seidi Ahmed Pascha behaupte, alles Land bis zur Theiss sei
für Rákóczy's Land zu halten. Zugleich forderte Ali Pascha
die Auslieferung der Witwe Rákóczy's und ihres jungen Sohnes,
was der Kaiser ohne Verletzung seiner Ehre unmöglich hätte
bewilligen können. Dagegen wie gegen die Forderung der ausser Siebenbürgen gelegenen Besitzungen Rákóczy's wie Sarospatak und
Ecsed liess der Kaiser freilich durch seinen Residenten Vorstellungen machen. Jenes liege mitten im kaiserlichen Gebiete,
dieses in den ihm gehörenden zwei Gespanschaften. Wenn die
Türken, wie sie immer erklärten, wirklich den Frieden wollten,
so sollten sie dieselben in Ruhe lassen und ihre Völker aus
den zwei Gespanschaften und anderen Gebieten des Kaisers
zurückziehen.[1]

In dieser Beziehung gaben nun die Türken wirklich beruhigende Zusicherungen. Man erklärte dem Residenten, dass
man vom Lande des Kaisers nichts begehre und an Ali Pascha
geschrieben habe, die zwei Gespanschaften und das kaiserliche
Gebiet in Ruhe zu lassen. Was dem Kaiser mit Recht gehöre,
solle er nehmen, aber sich auch in das siebenbürgische Wesen
nicht einmischen.[2] Aber von der Forderung Grosswardeins
wollten sie nicht abgehen. Mit dem osmanischen Reiche, sagten
sie, sei es nicht so schlecht bestellt, dass es sich von den
Christen schrecken lassen und auf deren Anhalten die Armee
abführen sollte. Bezüglich Siebenbürgens versicherte zwar der
Reis Kitab, dass der Grosswesir nichts als den Tribut und die
Kriegsentschädigung von 500.000 Thalern verlange. Als aber
Nachricht kam, dass jetzt von Venedig nichts zu besorgen sei,
habe dieser seine Gedanken gleich wieder auf Siebenbürgen
gerichtet und an Barscay durch dessen Agenten schreiben lassen,
dass der Sultan auch Klausenburg begehre. Auf die Vorstellungen des Residenten sei ihm geantwortet worden, Siebenbürgen sei des Sultans patrimonium, mit dem er thun möge,
was er wolle. Der Kaiser habe nichts damit zu schaffen, und
wenn er nur im geringsten sich dessen anmasse, werde es zu
einem Kriege kommen. Reniger solle sich wegen dieser Frage
nicht an den Grosswesir wenden. Der suche ohnehin eine Ge-

---

[1] Weisungen an Reniger vom 29. Juni, 9. und 11. Juli.
[2] Bericht Reniger's an den Kaiser vom 13. August.

legenheit, etwas anzufangen. Dem Panajotti, der ihm von den Aufträgen des Residenten Mittheilung gemacht, habe er öffentlich gesagt, dieser solle hinausschreiben, dass man sich in des Sultans patrimonium nicht einmischen möge, sonst werde nichts Gutes entstehen; die Waffen seien ohnehin schon dort und bereit. Einige hätten gesagt, man solle nur bei Zeiten die Schlüssel von Wien schicken. Und als der Resident durch Panajotti um eine Audienz beim Grosswesir ansuchte und erklärte, die Christenheit werde nicht dulden, dass man Siebenbürgen ganz unterdrücke, schrie der Grosswesir: ‚Ihr ungläubigen Hunde, was habt Ihr mit des Sultans Land zu schaffen? Krieg! Krieg! Krieg!' Er werde jetzt auch die Paschas von Aleppo und Damascus und den Tarterenchan persönlich berufen. Dem Residenten liess er sagen, er solle ihm nicht unter die Augen kommen. Auch später, als er ruhiger geworden war, liess er demselben erklären, der Sultan verlange nichts vom Lande des Kaisers und von den zwei Gespanschaften. Aber in die siebenbürgischen Dinge solle dieser sich nicht einmischen, sonst werde unfehlbar Krieg entstehen.[1]

Diese drohende Haltung der Pforte und die immer mehr zunehmende Aufregung in Ungarn veranlassten den Kaiser, im October nach Wien zurückzukehren, wo er gegen Ende des Monats eintraf. Auch unter seinen Räthen wurden jetzt Stimmen laut, dass man an Gegenwehr denken müsse, was man ja um so leichter wagen konnte, als der Krieg mit Schweden durch den Frieden von Oliva vom 3. Mai 1660 beendet worden war und die noch an der Ostsee stehenden Truppen unter dem Feldmarschall Montecuccoli, soweit sie nicht abgedankt wurden, nach Böhmen, Schlesien und Mähren zurückgeführt wurden. Vom Fürsten Auersperg liegt ein Gutachten vom 30. October 1660 vor, worin er sich gegen die bisherige unklare Politik ausspricht. Man habe, sagte er, anfangs gemeint, man solle die Absetzung Rákóczy's nicht dulden, weil nach den Bestimmungen des Friedens keiner der beiden Kaiser in Siebenbürgen irgendwelche Neuerungen einführen sollte. Man habe weiter bei der Forderung Jenös, dann Grosswardeins gemeint, man könne dies nicht geschehen lassen, sondern solle die Wegnahme mit Gewalt hindern; aber man habe nie etwas gethan. Der Kaiser

---

[1] Bericht Reniger's vom 14. September.

solle sich daher endlich ein bestimmtes Ziel setzen und die Unterstützung auswärtiger Mächte nachsuchen. Es wurde nun, wie der venetianische Botschafter berichtet, in einer Conferenz der geheimen Räthe beschlossen, sich an die italienischen Fürsten und an den Papst zu wenden, der als Haupt an die Spitze einer Union aller christlichen Fürsten gegen den gemeinsamen Feind treten sollte. Auch die deutschen Reichsstände sollten um Hilfe angegangen werden. Selbst mit Frankreich suchte man durch spanische Vermittlung freundschaftliche Beziehungen anzuknüpfen.[1]

Am 5. November fand beim Obersthofmeister Grafen Portia eine weitere Berathung statt, welcher die geheimen Räthe Auersperg, Trautson, Schwarzenberg, der Reichsvicekanzler Oettingen und der Feldmarschall Gonzaga, Vicepräsident des Hofkriegsrathes, beiwohnten. Das Gutachten, welches auf Grund der Berathungen im Namen derselben erstattet wurde, ist uns erhalten. Da der Kaiser sich entschlossen habe, sich mit aller Macht gegen die fürbrechende Gewalt des Erbfeindes zu setzen und sich hiefür nicht allein der Erbkönigreiche und Länder zu bedienen, sondern auch um ausländische Hilfe zu bewerben, so hätten sie berathen, wie dies ins Werk zu setzen wäre. Es solle der Gegenstand des Streites und was bisher geschehen von der Kriegskanzlei aufgesetzt und von den Hofkanzleien und der Hofkammer über die Mittel der eigenen Länder berathen werden. Auswärtige Hilfe solle bei allen christlichen Potentaten und Ständen gesucht werden, weil die Türken die Erbfeinde der Christenheit seien, nämlich beim Papste, Spanien, Frankreich, dem römischen Reiche, den italienischen Fürsten und Ständen, besonders bei Toscana, Savoyen und Mantua, und bei Polen und Dänemark. Man solle vor Allem Geldhilfe verlangen, weil man dann freiere Hand hätte, während bei Volkshilfen schwere Bedingungen wegen des Commandos zu befürchten wären. Doch solle man auch diese nicht ausschlagen, wenn das nöthige Geld für den Unterhalt während der Dauer des Feldzuges gezahlt würde.

Dieses Gutachten wurde am folgenden Tage in einer zahlreicheren Versammlung des geheimen Rathes verlesen, welcher der Kaiser selbst, der Erzherzog Leopold, sein Oheim, Fürst

---

[1] Bericht Molin's vom 30. October. Dispacci, T. 117.

Auersperg, die Grafen Portia, Trautson, Schwarzenberg, Oettingen, Rottal, Gonzaga, Nostitz, Leslie, Starhemberg, Traun, Montecuccoli und der Hofkammerpräsident Graf Sinzendorf beiwohnten. ‚Conclusit M^{tas} Sua, wie gerathen und besonders stark auf Geldhilfe zu gehen‘, wird auf dem Gutachten bemerkt. In der zweiten Hälfte des December wurden dann nach allen Seiten Gesandte mit Briefen und Instructionen abgeordnet. Zu diesen Beschlüssen hatten sich alle geheimen Räthe, die Friedens- wie die Kriegspartei vereinigen können. Glaubte die letztere auf diese Weise die Mittel zu einem erfolgreichen Kampfe gegen die Türken zu erlangen, so hoffte die erstere, dass, wenn die Aeusserungen der fremden Fürsten günstig lauteten, die Pforte sich zu einem befriedigenden Abkommen herbeilassen würde, während sie im entgegengesetzten Falle darauf rechnete, dass auch die Gegenpartei und der Kaiser den Frieden einem gefährlichen Kriege vorziehen würden.[1] Jedenfalls war eine Entscheidung bei den damaligen Verkehrsmitteln und der schwerfälligen Art, wie man die Staatsgeschäfte behandelte, auf längere Zeit hinausgeschoben.

Die ungarischen Magnaten verlangten zwar auch jetzt wieder eine bestimmte Erklärung von Seite des Kaisers und begaben sich zu diesem Zwecke neuerdings nach Wien. Sie verlasen in einer Sitzung des geheimen Rathes am 21. Jänner 1661, der sie beigezogen wurden, eine Denkschrift, in welcher sie die Rechte des Königs von Ungarn auf Siebenbürgen wie auf Grosswardein auseinandersetzten und die Aufrechthaltung der Freiheit desselben verlangten. Die deutschen Räthe und der Kaiser sprachen sich nicht gegen den Krieg aus. Aber sie erklärten, man dürfe dies nicht offen äussern, weil die Türken gerüstet seien und daher Ungarn überfallen und ruiniren würden, sondern man müsse die Verhandlungen mit ihnen fortsetzen. Es wurde

---

[1] So schreibt Molin am 6. November. Dispacci, l. c. Leider nennt Molin weder hier noch in anderen Depeschen die Mitglieder der einen oder der anderen Partei. Erst in einer Depesche vom 15. October 1661 bemerkt Molin's Nachfolger Sagredo (Dispacci, T. 119): *Due soli ministri a questa corte tengono qualche inclinatione per la guerra, il Principe Ausbergh cioè e Don Annibale Gonzaga. Sono forse il meglio del consiglio, non lo nego. Ma il principale, ch' è il Principe di Porcia insieme con tutti gl'altri ne è aversissimo e questa alienatione dalla rottura é poi universale in tutti gl'altri generi di persone.*

daher dem Residenten geschrieben, er solle der Pforte erklären, dass der Kaiser den Frieden wünsche und keine Neuerungen in Siebenbürgen anstrebe, dass aber dies auch die Türken nicht thun sollten, und dass die christlichen Fürsten nicht dulden würden, dass Siebenbürgen von jenen occupirt werde.[1]

Doch liess man es nicht bei diplomatischen Schritten bewenden, sondern traf auch ernstliche Vorbereitungen für den Fall eines Krieges.

Anfangs Februar 1661 fand eine Conferenz des Hofkriegsrathes mit der Hofkammer, dem Land- und Hauszeugmeister Grafen Traun und dem Feldmarschall Montecuccoli ‚über die resolvirte Eventual-Kriegsverfassung' statt. Es sollten gegen die Türken drei Corps in der Stärke von 53.000 Mann, die theils durch Werbung, theils durch Recrutirung aufgebracht werden sollten, gebildet, für die nothwendige Ausrüstung und Proviant gesorgt, in Komorn, Raab, Neuhäusel und in Niederösterreich Magazine errichtet, die Befestigungen in Ungarn und Croatien verstärkt und eine Kriegscasse formirt werden. Eine kaiserliche Entschliessung vom 8. Februar verfügte, dass die vorhandenen 11 Reiterregimenter, die Dragoner und das Croatenregiment auf 1000, die Infanterieregimenter auf 3060 Köpfe gebracht werden sollten.[2] Das Obercommando wurde am 12. März dem Feldmarschall Montecuccoli anvertraut und ihm de Souches als Feldzeugmeister, Spork und Starhemberg als Feldmarschalllieutenants untergeordnet.[3]

Diese Massregeln, welche alles für den Kriegsfall vorbereiteten, waren in der That nothwendig, da sich der politische Horizont immer mehr verdüsterte.

Die Wegnahme Grosswardeins, welcher Barcsay wie ein Gefangener im Lager Ali Paschas hatte beiwohnen müssen, die Forderung der Pforte, dass als Dependenz dieser Stadt auch

---

[1] Bericht Molin's vom 22. Jänner 1661, der zugleich darauf aufmerksam macht, dass der Kaiser, indem er Siebenbürgen, nicht aber Grosswardein ausdrücklich nannte, dieses stillschweigend preisgab.
[2] ‚Protokoll' 1661 fol. 85, 86 b.
[3] ‚Registratur' 1661 fol. 41 b, 54 b. Nach einer Depesche Molin's vom 26. März (Dispacci, T. 118, fol. 61) hatten der Palatin, der Markgraf von Baden, Heister und andere Generale erklärt, unter de Souches nicht dienen zu wollen.

die Comitate Bihar, Kraszna und Mittelszolnok abgetreten werden sollten,[1] und die hohen Steuern, welche zur Aufbringung wenigstens eines Theiles der von den Türken geforderten Kriegsentschädigung erhoben wurden, erregten den Unwillen der Siebenbürger immer mehr und raubten dem Fürsten alles Ansehen. Dies benützte der ehrgeizige Johann Kémény, um sich an dessen Stelle zu setzen. Im November 1660 zog er an der Spitze einer Kriegsschaar, die er im nordöstlichen Ungarn gesammelt hatte, gegen Barcsay, welcher sich zum Widerstande zu schwach fühlte und nach einer langen Unterredung mit seinem Gegner sich herbeiliess, gemeinsam mit diesem einen Landtag nach Regen zu berufen. Was nun vorauszusehen war, geschah. Die Stände bewogen Barcsay zur Abdankung und wählten am 1. Jänner 1661 Kemény zum Fürsten.

Es schien anfangs zweifelhaft, welche Haltung die Pforte, welche in diesem Jahre ein Heer gegen die Venetianer nach Dalmatien schicken wollte,[2] Kemény gegenüber einnehmen würde. Als Reniger am 16. Februar beim Grosswesir Audienz hatte, beklagte sich dieser über die Siebenbürger, dass sie sich aus der ottomanischen Pforte Gehorsam ziehen und den ihnen vom Sultan gesetzten Fürsten nicht anerkennen wollten sondern einen andern gewählt hätten, und dass sie weder den Tribut noch das versprochene Geld geben. ‚Meint Ihr,‘ sagte er, der Sultan werde dazu stillschweigen?‘ Die Absicht, nach Dalmatien zu ziehen, sei aufgegeben, berichtete Reniger, man werde jetzt mehr Völker als je gegen Siebenbürgen schicken. Aber der Reis Kitab bemerkte, es gebe ein Mittel, nämlich dass der neue Fürst persönlich sich zu Ali Pascha begebe, mit ihm die Sache vergleiche, den Tribut und die Kriegsentschädigung pünktlich zahle und (als Zeichen der Belehnung) die Standarte empfange. Als am 18. Februar der Sultan selbst zum Grosswesir kam, wurde, wie Reniger hörte, beschlossen, Kemény zu bestätigen, wenn er selbst käme und den Tribut und das Geld brächte.[3] In der That schickte auch Ali Pascha an Kemény Gesandte, welche ihm die Aussicht auf seine Bestätigung eröffneten, wenn er persönlich zu ihm käme und einen seiner Söhne als Geisel an

---

[1] Mon. comit. Transsylv. 12, 470.
[2] Bericht Reniger's an den Kaiser vom 28. Jänner 1661.
[3] Reniger's Berichte vom 18. und 20. Februar.

die Pforte schickte. Im April kam eine ähnliche Eröffnung auch vom Grosswesir.[1]

Aber Kemény scheint den Versprechungen der Türken nicht getraut oder gefürchtet zu haben, dass sie, wenn sie ihn in ihrer Gewalt hätten, ihn einkerkern oder aus dem Wege räumen würden. Er erschien daher nicht bei Ali Pascha. Und in der That äusserte sich der Grosswesir in einer Audienz, die er dem kaiserlichen Residenten Ende März gewährte, in einem Sinne, welche keine Aussicht auf die Bestätigung Kemény's eröffnete. Es handle sich, sagte er, um die Ehre und Reputation des Sultans, der nicht zusehen könne, wie Einer sich in seinem Lande propria authoritate und mit Gewalt zum Fürsten einsetze. Wenn die Siebenbürger sich nicht rechtzeitig zum Gehorsam bequemten, das versprochene Geld mit dem Tribut und dem Kemény lieferten oder diesen zum Teufel jagten, so werde die türkische Macht in grösserer Zahl als je gegen Siebenbürgen rücken. Den Kemény werde man absolut nicht dulden.[2]

Mit um so grösserer Spannung blickten Kemény und die siebenbürgischen Stände nach Wien, wohin sie auf dem Landtage nach der Erhebung des neuen Fürsten einen der angesehensten Edelleute, den Dionys Bánffy, und den Jesuiten Pater Martin Kassoni schickten, um den Kaiser um seine Unterstützung zu bitten. Aber diese scheinen ihre Reise erst viel später angetreten zu haben und trafen erst am 6. März in Wien ein.[3]

Schon am folgenden Tage erhielten sie beim Kaiser Audienz, obwohl einige Minister dagegen waren, dass man sie als Gesandte empfange, weil dadurch auch die Anerkennung Kemény's als Fürsten von Siebenbürgen ausgesprochen zu sein schien. Sie baten den Kaiser, sie in seinen Schutz zu nehmen und, wenn ein Friede mit den Türken zu Stande käme, sie einzuschliessen, wenn aber dies nicht der Fall wäre, sie zu vertheidigen, wozu sie ihm alle ihre Plätze und Kräfte zur Ver-

---

[1] Kraus, Siebenb. Chronik. Fontes rer. Austr. SS. 4, 141 f., 146 f.
[2] Bericht Reniger's vom 30. März.
[3] Bericht Molin's vom 12. März. Dispacci, T. 118, fol. 15, der in dieser wie in den folgenden Depeschen vom 19. und 26. März fol. 33 und 60 auch über ihre Verhandlungen in Wien berichtet. Dagegen war die Vollmacht für die beiden Gesandten nach ‚Protokoll' 1661 fol. 128 schon vom 12. Jänner datirt.

fügung stellten. Sie ersuchten um eine rasche Entscheidung, damit sie nicht von den Türken erdrückt würden, ehe Hilfe käme, und um sofortige Absendung von 2000 Husaren. Man konnte aber in Wien lange zu keinem Entschlusse kommen, theils wegen der Zaghaftigkeit, die hier überhaupt bei den meisten geheimen Räthen herrschte, theils weil man den Siebenbürgern, welche gleichzeitig mit der Pforte unterhandelten, nicht recht traute und ihre Vollmacht zu unbestimmt fand. Doch wurden die Rüstungen fortgesetzt, Recruten ausgehoben, für den baldigen Einmarsch der in den böhmischen Ländern stehenden Regimenter Vorbereitungen getroffen.

Ein baldiger Entschluss wäre um so nothwendiger gewesen, als die Türken ihr Gebiet immer weiter ausdehnten. Der Pascha von Grosswardein nahm im Februar das Castell St. Job im Nordosten des Biharer Comitates ein, machte einen, allerdings vergeblichen Versuch, auch die nördlich davon an der Grenze des Szathmárer Comitates gelegene Festung Székelyhid wegzunehmen, und bewog die benachbarten Hajduken wie die Bauern der Krasznaer Gespanschaft zur Huldigung, so dass sie unmittelbar an der Grenze der Comitate Szathmár und Szabolcs standen. Auch die dortigen Ortschaften wurden in drohender Weise zur Tributzahlung aufgefordert.

In den ersten Tagen des April erklärte sich endlich der Kaiser nach einer Berathung mit den ungarischen Magnaten bereit, für Siebenbürgen einzutreten, wenn ihm die Festungen Székelyhid, Kövár und Szamos-Ujvár oder Illye an der Maros überlassen würden. Am 9. April wurde Heister beauftragt, diese Plätze mit deutschen Völkern zu besetzen.[1]

Unerwarteter Weise machten die Siebenbürger Schwierigkeiten. Wie Heister am 7. Mai berichtete, stellten ihre Deputirten, welche ihm auch statt des am Eingang nach Siebenbürgen gelegenen Kövár Szamos-Ujvár oder das entfernte Déva anboten, die Forderung, dass die Garnisonen nicht blos dem Kaiser sondern auch dem Fürsten und den Ständen von Siebenbürgen verpflichtet sein und dass diese Plätze nach dem Schwinden der Gefahr ihnen wieder zurückgegeben werden sollten.[2]

---

[1] ‚Protokoll' fol. 174 b, 175. ‚Registratur' fol. 66 b, 69 b.
[2] ‚Protokoll' fol. 207 b.

Doch wurden die Gesandten von Kemény und den siebenbürgischen Ständen am 5. Mai mit neuen Vollmachten nach Wien geschickt. Die Siebenbürger erklärten sich bereit, in Székelyhid, Kövár und eine dritte noch zu bestimmende Festung kaiserliche Besatzungen aufzunehmen und für den Unterhalt derselben wie für Geschütze und Munition zu sorgen. Dagegen versprach der Kaiser in einer am 30. Mai in Laxenburg erflossenen Resolution denselben zur Besetzung anderer Plätze für die Dauer der Gefahr 1000 Fussgänger zu überlassen und sowohl durch Unterhandlungen mit der Pforte als auch durch andere Mittel dahin zu wirken, dass der Fürst, die Stände und das Land im alten Zustande und bei ihren alten Rechten und Freiheiten bleiben. Von den siebenbürgischen Gesandten wurde diese Erklärung ‚mit Dank acceptirt'. Doch waren sie, wie der venetianische Botschafter berichtet, nicht ganz befriedigt, weil sie wünschten, dass der Kaiser mit den Türken sofort offen breche. Auch weigerte man sich in Wien lange, eine schriftliche Urkunde hierüber auszustellen, weil man fürchtete, dass die Siebenbürger dieselbe bekannt machen würden, um den Bruch zwischen dem Kaiser und der Pforte herbeizuführen. Erst am 26. Juni wurden die Verträge in Wien schriftlich beurkundet.[1]

Auf Grund dieser Vereinbarungen wurde Anfangs Juni Székelyhid von den Siebenbürgern geräumt und von den Kaiserlichen besetzt. Ende Juni rückten diese auch in Kövár ein.[2]

Die Völker aus Böhmen, Mähren und Schlesien mit der Artillerie waren schon am 15. Juni zwischen Schintau und Neuhäusel unter Montecuccoli vereinigt.[3]

Die Verwendung derselben war schon längst Gegenstand der Verhandlungen in den massgebenden Kreisen gewesen. Für den 20. Mai war eine Conferenz anberaumt worden, um zu berathen, wie, wenn Ali Pascha in Siebenbürgen einfalle, der Krieg zu führen sei, damit man ‚sich Siebenbürgens defensive annehme', weiter um über einige Anfragen Montecuccoli's eine Entscheidung zu fällen, namentlich darüber, wie er sich zu ver-

---

[1] Die Urkunden in Mon. comit. Transsylv. 12, 520 sqq. Ueber die früheren mündlichen Vereinbarungen siehe ‚Protokoll' fol. 216 und den Bericht Molin's vom 4. Juni.
[2] Nach Heister's Berichten vom 11. und 29. Juni. ‚Protokoll' fol. 279. 321 b.
[3] Nach dessen Berichten vom 8., 12. und 15. Juni. Ebendaselbst 272, 275, 279.

halten habe, wenn der Türke Siebenbürgen mit Macht angreife oder Kemény Hilfe begehre oder sich in des Kaisers Land retirire, ob er gleich hinziehen oder durch eine Diversion helfen solle.[1] Wir haben leider keine Nachrichten, was von der Conferenz beschlossen worden ist. Einzelne Notizen würden es wahrscheinlich erscheinen lassen, dass sie sich für den Fall eines Angriffes Ali Paschas auf Siebenbürgen für eine Diversion in das türkische Gebiet ausgesprochen hat. Denn am 4. Juni ertheilte man an Montecuccoli auf dessen Anfrage, wo die Armee campiren sollte, die Antwort: ‚zwischen Komorn und Totis',[2] also am rechten Donauufer in unmittelbarer Nähe des türkischen Gebietes und der Festung Gran. Auch Montecuccoli spricht am 12. Juni die Absicht aus, unterhalb Komorns eine Brücke über die Donau zu schlagen und nur Starhemberg mit 1000 Mann nach Oberungarn zu schicken. Ja noch am 12. Juli meldet er, dass er bei Totis das Lager schlagen werde.[3] Montecuccoli berichtet in seiner Darstellung dieser Ereignisse ausdrücklich, dass er mit der Hauptarmee, ungefähr 15.000 Mann auserlesener Truppen, Gran oder Ofen belagern wollte, sobald die Türken sich gegen die eben von den Kaiserlichen besetzten siebenbürgischen Städte Feindseligkeiten erlaubten oder einen Einfall in das kaiserliche Gebiet machten.[4]

Dagegen spricht aber der venetianische Botschafter in Wien, der die kaiserliche Regierung immer zum Kriege drängte, aber ihr nie einen kräftigen Entschluss zutraute, in einem Berichte vom 11. Juni die Ueberzeugung aus, dass die Minister durch diese militärischen Demonstrationen nur auf die Türken Eindruck machen und dieselben zu einem Abkommen bewegen wollten.[5]

Die Weisungen, welche der Kaiser dem Residenten an der Pforte ertheilte, scheinen diese Vermuthungen zu bestätigen. Am 27. Mai schrieb er ihm, er wünsche ebenso den Frieden wie die Pforte und wolle, dass Alles aus dem Wege geräumt werde, was denselben stören könnte, weswegen er nächstens

---

[1] ‚Protokoll' fol. 215.
[2] ‚Registratur' fol. 111 f.
[3] ‚Protokoll' fol. 275. 330.
[4] Commentarii bell. p. 138.
[5] Dispacci T. 118, fol. 245 ff.

ausführliche Instructionen senden werde. Unterdessen solle er dahin wirken, dass dem Ali Pascha und den anderen Türken der Einbruch in Siebenbürgen verboten werde. Dieser Auftrag wurde vom Kaiser am 3. Juni erneuert und zugleich Vorschläge zur Herbeiführung eines Ausgleiches gemacht. Reniger sollte zur Erhaltung des Friedens eine Zusammenkunft von Commissären beider Theile an der Grenze vorschlagen, um dieselben genau festzustellen und dadurch künftige Streitigkeiten zu verhüten. Wenn etwa der Grosswesir sagte, dass den Kaiser Siebenbürgen nichts angehe, solle er darthun, dass auch dieser Verträge mit Siebenbürgen habe, welche, wie der von 1606, von der Pforte selbst anerkannt worden seien. Sollte aber Alles nichts helfen, so solle er erklären, dass der Kaiser vor Gott und der Welt entschuldigt sei, wenn ein grösseres Uebel daraus entstände. Wenn die Türken erführen, dass der Kaiser heimlich befohlen habe, Székelyhid und Kövár mit deutschen Völkern (jedoch im Namen der Siebenbürger) zu besetzen, so solle er es ableugnen. Auch sollte er über die von den Paschas an ungarische Dörfer besonders in den zwei Gespanschaften gerichteten drohenden Schreiben, welche sie zur Huldigung aufforderten. Klage führen.

Aber durch so kleinliche Mittel liessen sich die Türken in ihrem Vorgehen nicht aufhalten. Ende Juni brach Ismael, der jetzige Pascha von Ofen, und einige Tage später Ali Pascha, dem sich bald auch ein tatarisches Corps anschloss, durch das Eiserne Thor in Siebenbürgen ein. Da sich Kemény mit seinen ungenügenden Streitkräften in keinen Kampf einzulassen wagte, andererseits die Siebenbürger auch keine Miene machten, eine Verständigung mit Ali Pascha herbeizuführen und an Kemény's Stelle einen andern Fürsten zu wählen,[1] so wurde im Laufe des Juli der ganze Westen des Landes von den Feinden überschwemmt, welche durch Raub, Mord und Brand die unschuldigen Bewohner ihren Zorn fühlen liessen.

Schon vor dem 9. Juli traf in Wien von Kemény die Nachricht ein, dass die Türken in Siebenbürgen eingebrochen seien und er sich habe zurückziehen müssen. In dringender Weise bat er namentlich den Grafen Portia, an den er sich in einem besonderen Schreiben wendete, um Unterstützung.

---

[1] Barcsay war wegen seiner geheimen Verbindungen mit den Türken am 30. Juni auf Befehl Kemény's ermordet worden.

Es fanden nun zahlreiche Conferenzen statt, in denen das nun einzuschlagende Vorgehen berathen wurde.[1] Wenn früher wenigstens Montecuccoli einen Angriff auf Gran oder Ofen geplant haben mochte, so gieng man jetzt wohl besonders aus politischen Gründen davon ab. Ein solcher Angriff war ja ein offener Bruch mit der Pforte, während die Aufstellung eines Heeres im nordöstlichen Ungarn, so lange sich dieses auf den Schutz der Besitzungen des Kaisers beschränkte, bei den Türken keinen Anstoss erregen konnte, und selbst wenn es dabei zu einigen Zusammenstössen mit den türkischen oder tatarischen Schaaren kam, dieses bei der damaligen etwas laxen Auffassung der internationalen Verpflichtungen noch nicht zu einem Kriege führen musste. Auch durfte man Kemény nicht ganz unterliegen lassen, wenn man verhüten wollte, dass Siebenbürgen ganz unter die Botmässigkeit der Türken komme und dann ein Fürst eingesetzt werde, der ein blosses Werkzeug in den Händen desselben werde. Man musste durch die Aufstellung eines Heeres an der Grenze Kemény wie den Siebenbürgern Muth zu einem möglichst ausdauernden Widerstande einflössen.

Am 11. Juli wurde daher an den Feldmarschall Montecuccoli der Befehl gesendet, mit der Armee gleich nach Oberungarn zu ziehen und bei Komorn nur ein Corps von 4000 Mann zu Fuss und 3000 zu Pferd unter dem Feldzeugmeister de Souches stehen zu lassen.[2] Vergebens machte Montecuccoli am 15. Juli Einwendungen dagegen und befürwortete den Plan, entweder Gran anzugreifen oder nahe bei Gran und Ofen Stellung zu nehmen,[3] indem er offenbar durch die Bedrohung dieser Festungen die Türken bewegen wollte, zum Schutze derselben heranzuziehen und Siebenbürgen zu räumen. Vergebens sprach sich auch der Erzbischof Lippay in zwei Schreiben aus Presburg vom 18. und 21. Juli für einen Angriff auf Gran und zugleich für die Aufbietung der ungarischen Insurrection aus.[4] Man blieb in Wien bei dem einmal gefassten Beschlusse und sendete

---

[1] Bericht Molin's vom 9. Juli l. c. fol. 300 b, worin dieser es schon als wahrscheinlich bezeichnet, dass Montecuccoli den Befehl zum Zuge nach Oberungarn erhalten werde.
[2] ,Registratur' fol. 150. Vgl. die Weisung vom 21. Juli fol. 160 und vom 24. fol. 165 b.
[3] ,Protokoll' fol. 332.
[4] Ebendaselbst fol. 336 b.

am 21. und 28. Juli neue Befehle an Montecuccoli, ohne Verzug mit dem grössten Theile seiner Armee nach Oberungarn zu ziehen, wo er zunächst bei Tokaj und jenseits der Theiss Stellung nehmen sollte.[1] Wie der venetianische Botschafter hörte,[2] lautete die ihm ertheilte Weisung dahin, Kemény zu unterstützen und dafür zu sorgen, dass der Sitz des Krieges in Siebenbürgen bleibe, aber sich mit seiner Macht nicht zu weit einzulassen, nur als Helfer zu erscheinen und sich in der Defensive zu halten.

Aber der Marsch von Komorn an die obere Theiss liess sich nicht so rasch durchführen, als nothwendig gewesen wäre. Man musste erst für den nothwendigsten Proviant und für zahlreiche Fuhrwerke sorgen, die nicht in wenigen Tagen aufzubringen waren. Erst am 31. Juli brach Montecuccoli mit seiner Armee auf.[3] Die schlechten Wege, die von Léva an der Gran, wo der Feldmarschall am 3. August eintraf, durch gebirgige Gegenden und enge Thäler über Fülek nach Tokaj führten, machten ein rasches Fortkommen unmöglich.

So hatten die Türken Zeit gehabt, ungehindert von den Kaiserlichen ihre Operationen fortzusetzen. Um Kemény in seine Hände zu bringen, drang Ali Pascha Ende September längs der Maros in Ungarn ein, wo nun die Tataren und theilweise auch die Türken das flache Land bis unter die Mauern von Sziget (in der Marmaros), Huszt und Munkács ausplünderten, die Ortschaften niederbrannten, die Einwohner hinwegschleppten. Kemény hatte sich mit seinen wenigen Truppen glücklich über die Theiss gerettet.

Montecuccoli, welcher den Auftrag erhalten hatte, sich mit Starhemberg zu vereinigen und, wenn der Feind sich auf dem königlichen Gebiete befände, bei Gelegenheit gegen denselben einen guten Streich zu führen,[4] eilte auf die Nachricht von dem Einbruche der Türken in Ungarn mit der Cavallerie voraus, während der Markgraf Leopold Wilhelm von Baden ihm mit

---

[1] ‚Registratur' fol. 160, 170 b, 171.
[2] Bericht Sagredo's vom 1. August. Dispacci T. 118, fol. 352.
[3] So nach Bericht des Hofkriegsrathes vom 2. August an Heister. ‚Registratur' fol. 185. Montecuccoli selbst hatte nach Bericht vom 27. Juli den Aufbruch auf den 30. festgesetzt. ‚Protokoll' fol. 376 b.
[4] So wurde von der Hofkriegskanzlei am 2. August an Heister, am 4. an den Palatin geschrieben. ‚Registratur' fol. 185, 186.

der Infanterie folgte. Am 18. August erreichte er bei Ladány südlich von Tokaj die Theiss. Wenige Tage vorher hatte Ali Pascha, da ihm Kemény entgangen war, über Nagy Banya und Kövár wieder den Rückzug nach Siebenbürgen angetreten,[1] um zunächst das Nösner Land und die Székler zu unterwerfen und dann die Wahl eines neuen Fürsten zu betreiben, zu welchem Zwecke er einen Landtag nach Vásárhely berief.[2]

Unterdessen waren bei Montecuccoli auch seine Reiterei und Artillerie angekommen. Seine Truppen waren durch den Marsch an die Theiss hart mitgenommen worden, besonders weil in Folge des unerwarteten Aufbruches für Proviant in ganz ungenügender Weise gesorgt worden war, die Bauern aber ihm keine Lebensmittel lieferten und sich bei der Annäherung der Truppen mit aller ihrer Habe in die Wälder zurückzogen, ja sogar kleinere Abtheilungen, welche, um zu fouragiren, sich vom Heere entfernten, angriffen und todtschlugen.[3] Schon am 3. und 4. August schrieb Montecuccoli, dass die Völker in Folge von Krankheiten, Hitze, Todschlag durch die Bauern und Desertion täglich abnehmen. Am 14. und 18. berichtete er, dass die meisten Soldaten erkranken. In Berichten vom 26. bis 31. August meldete er, dass nicht blos viele Officiere und Soldaten, sondern auch die Generale Spork, der Markgraf von Baden und Starhemberg, der dann in den nächsten Tagen starb, krank seien.[4] Doch vereinigte sich Ende August Kemény mit seinen Truppen mehreren tausend Mann,[5] unweit Tokaj mit dem Heere Montecuccoli's.

---

[1] Am 23. August melden die Richter und die Schöffen von Bistritz, dass am vergangenen Sonnabend (17. August) der Feind sich wiederum bei Kövár ins arme Vaterland hereingeschlagen. Kraus in Fontes rer. Austr. SS. 4, 165.
[2] Siehe die Actenstücke bei Kraus a. a. O. S. 167 ff.
[3] Bericht Sagredo's vom 3. September. Dispacci T. 119.
[4] ‚Protokoll‘ fol. 383. 394b. 417. 421b.
[5] Nach Montecuccoli, Commentar. p. 140 hatte Kemény nur 3000 Mann bei sich. Nach einem von Franz Heinrich Vischer von Rampelsdorff am 4. October aus dem siebenbürgischen Lager an den Hofkriegsrath erstatteten Berichte über die Zustände Siebenbürgens hatte aber Kemény damals das Fussvolk in die Garnisonen eingetheilt, die Reiterei, die etwa in 5000 Mann bestanden habe, und den Adel meist abgedankt, das übrige in Klausenburg und andere Städte eingelegt und hatte jetzt

Für diesen entstand nun die wichtige Frage, ob er in Oberungarn stehen bleiben oder den Türken nach Siebenbürgen folgen sollte. Es scheint nicht, dass er dazu einen Auftrag erhalten hatte. Am 9. August hatte man ihm eine Instruction geschickt, wie er sich gegen Türken, Tataren, Kemény und die Siebenbürger zu verhalten habe.[1] Es ist aber nicht wahrscheinlich, dass darin ein Zug nach Siebenbürgen in Aussicht genommen war. Denn der Kaiser spricht in einem längeren Schreiben an Montecuccoli vom 29. August[2] seine Billigung aus, dass dieser Kemény zu bewegen suche, sich wieder nach Siebenbürgen zu begeben, da die Türken sich zurückgezogen und daher vielleicht keine so grosse Gefahr mehr sei, und, wenn derselbe länger ausser Landes wäre, die Siebenbürger den Muth und die Zuneigung zu ihm verlieren könnten. Da, fährt der Kaiser fort, aus einem Berichte des Residenten vom 7. August[3] und aus den Thaten der Türken sich ergebe, dass sie ihre bösen Intentionen mit den Waffen behaupten wollen, so sei Montecuccoli zwar über das, was de facto dagegen vorzunehmen sei, genugsam instruirt. Weil jedoch dieses Werk erst in der künftigen Campagna recht eingehen und geraume Zeit dauern dürfte, so solle man alle Mittel zum Kriege, oder wie man sonst aus dem Handel kommen könnte, bei Zeiten bedenken. Aber ehe er darüber berathen lasse, erwarte er Montecuccoli's Bericht, was er thun wolle, wenn der Feind sich in eine Stellung begebe, wo man ihn nicht angreifen könne, wie man die Armee den Winter über conserviren oder ob man während desselben mit ihr fruchtbarlich operiren und in welche Postur man sich für die zukünftige Campagna stellen solle.

Der Zug nach Siebenbürgen ist Montecuccoli's eigener Initiative entsprungen. Nach einem Berichte des venetianischen Botschafters Sagredo vom 10. September hatte derselbe gemeldet, dass er nach der Ueberschreitung der Theiss ohne Ruin der Armee dort unmöglich habe stehen bleiben können, weil alle

---

noch über 500 Pferde bei sich. Die Truppen Kemény's dürften daher Ende August doch etwa 7000 Mann gezählt haben.

[1] ‚Registratur' fol. 195.
[2] Orig. im Kriegsarchiv.
[3] Reniger berichtet darin, dass die Stimmung gegen den Kaiser bei der Pforte wegen der von jenem den Siebenbürgern gewährten Hilfe, die sie weit übertreiben, immer schlimmer werde.

Dörfer leer, die Bauern mit allen Lebensmitteln in die dichtesten Wälder geflohen gewesen seien. Er habe daher den Entschluss gefasst, im Vereine mit Kemény nach Siebenbürgen zu ziehen, was sowohl für den Fall eines Krieges wie des Friedens vortheilhafter sei, weil es im ersten Falle besser sei, im Lande des Feindes als im eigenen zu stehen, im Falle von Unterhandlungen vortheilhafter, wenn man etwas anbieten könne, als wenn man fordern müsse. Die Regierung hat auch nachträglich diesen Zug gebilligt und dem Feldmarschall aufgetragen, sich der vornehmsten Plätze Siebenbürgens zu bemächtigen und mit dem grössten Theile seiner Truppen dort die Winterquartiere zu beziehen, um im nächsten Frühjahr früher als die Türken im Felde sein zu können.[1]

Anfangs schien der Zug, den Montecuccoli mit Kemény in der ersten Hälfte des September über Szathmár unternahm, günstig zu verlaufen. Ohne Widerstand gelangten sie am 15. September nach Klausenburg.[2]

Aber unterdessen war in Siebenbürgen eine ungünstige Wendung eingetreten. Durch Drohungen und Versprechungen hatte Ali Pascha es durchgesetzt, dass die von ihm nach Maros Vásárhely berufenen Abgeordneten der Sachsenstädte und einige Edelleute am 14. September den Michael Apafy zum Fürsten wählten, der sofort von ihm die Bestätigung erhielt.

Auf Montecuccoli musste dies grossen Eindruck machen. Er hatte vielleicht gehofft, Kemény ohne ernsten Kampf den Besitz Siebenbürgens wieder verschaffen zu können. Jetzt waren ihm die Thore der festen sächsischen Städte verschlossen, die Székler, Kemény's eifrigste Anhänger, waren von Ali Pascha unterworfen. Auf eine ausgiebige Unterstützung im Lande selbst durften er und sein Schützling offenbar nicht rechnen. Nur durch einen entscheidenden Sieg konnte Siebenbürgen noch gewonnen werden. Nun war ein günstiger Ausgang einer Schlacht nicht unmöglich, weil das kaiserliche Heer wohl

---

[1] Bericht Sagredo's vom 17. September l. c. Auch in ‚Registratur' fol. 237 wird zum 3. September als Inhalt eines Schreibens der Hofkriegskanzlei an Montecuccoli angegeben: ‚Approbatur sein Fortzug in Oberungarn und Siebenbürgen' mit der weiteren Bemerkung, dass zur Aufbringung von Proviant bares Geld dorthin geschickt worden sei.

[2] Diesen Tag gibt nach gleichzeitigen Klausenburger Aufzeichnungen Katona, Hist. crit. Hungariae 33, 262 an.

viel schwächer,[1] aber auch tüchtiger als das türkische war. Aber dann war der Krieg mit der Pforte entschieden, den Montecuccoli auf eigene Verantwortung doch nicht wagen durfte. Ein Stehenbleiben konnte aber für das Heer Montecuccoli's geradezu verhängnissvoll werden, weil in dem verwüsteten und ausgesogenen Lande keine Lebensmittel aufzutreiben waren, so dass in kurzer Zeit in Folge ungenügender und ungesunder Nahrung 600 Soldaten durch die Ruhr und den Typhus hinweggerafft wurden.[2] Schon am 16. September meldete daher Montecuccoli dem Kaiser, dass er wegen Mangels an Proviant den Rückzug nach Szathmár beschlossen habe.[3] Doch liess er zum Schutze Klausenburgs deutsche Truppen zurück, wie auch die kaiserlichen Besatzungen in Szamos Ujvár, Kövár und Székelyhid gelassen wurden.

So war ein feindlicher Zusammenstoss mit den Türken auf dieser Seite nicht erfolgt. Aber die Pforte hatte immerhin einen genügenden Vorwand zu einem Kriege gegen den Kaiser, da sie wiederholt erklärt hatte, dass sie eine Einmischung desselben in die Verhältnisse Siebenbürgens nicht dulden würde.

Der Kaiser hatte aber noch einen anderen Act der Feindseligkeit unternommen, welcher freilich durch den Einbruch der Türken und Tataren in das nordöstliche Ungarn und durch die Ausplünderung und Einäscherung zahlreicher Ortschaften mehr als gerechtfertigt schien. Um dafür Repressalien zu üben,

---

[1] Wenn Kraus, Siebenb. Chronik S. 182 die kaiserliche Armee aus 30.000 wohlgerüsteten Mann bestehen, die Klausenburger Aufzeichnung bei Katona 33, 262 sie 36.000, die Truppen Kemény's 11.000 Mann zählen lässt, so ist dies gewiss zu hoch, da Montecuccoli's Armee bei Komorn nach seiner Angabe nun 15—16.000 Mann stark gewesen ist, davon 7000 Mann bei Komorn zurückgeblieben sind, die früher in Oberungarn stehenden Truppen nach einem Ausweise de Souches' vom 7. November 1660 an Infanterie, Cavallerie und Dragonern nur 13.302 Köpfe gezählt haben („Protokoll" 1660 fol. 455), von denen ein wenn auch nicht sehr grosser Theil zur Besetzung der Festungen verwendet worden ist. Nach einem Berichte Sagredo's vom 13. August hat das Corps Starhemberg's, mit dem sich Montecuccoli vereinigt hat, nur 5000 Mann (im Felde) gezählt, die Kaiserlichen dürften daher auch mit den Streitkräften Kemény's (s. oben S. 546 Anm. 5) nicht viel mehr als 20.000 Mann stark gewesen sein. Die Türken wurden nach dem erwähnten Berichte Rampelsdorff's vom 4. October auf 40.000 Mann geschätzt, was er aber für zu hoch hielt.
[2] Kraus a. a. O. S. 185 f.
[3] „Protokoll" fol. 453.

ertheilte man am 20. August dem Feldzeugmeister de Souches, der mit seinem Corps bei Komorn stand, den Befehl, ‚den Türken eine Diversion zu thun, dass sie es empfinden',[1] oder, wie der Kaiser am 23. September an Reniger schrieb, ‚um zu zeigen, dass er genugsame Mittel zu helfen habe'. De Souches unternahm in Folge dieses Auftrages mit einem Theile seiner Truppen einen Streifzug gegen Ofen und plünderte einige Ortschaften aus, worauf er sich wieder zurückzog. Nun hatten ja, wie schon bemerkt wurde, die türkischen Grenzcommandanten wie ungarische Grosse häufig solche Raubzüge unternommen. Aber es war doch ein Unterschied, ob ein solcher einen privaten Charakter trug oder ob er, wie diesmal, auf Befehl des Staatsoberhauptes erfolgte.

Und noch einen dritten Grund zur Beschwerde hatte die Pforte um diese Zeit gefunden. Im Sommer 1661 erbaute Graf Niklas Zriny, Ban von Croatien, am linken Ufer der Mur gegenüber von Legrad eine Feste, Serinvár[2] oder Zrinyvár (die ‚Zrinyburg'), welche ihm als Ausgangspunkt und Zufluchtsort bei Streifzügen in das nahe türkische Gebiet dienen konnte und den Türken besonders verhasst sein musste, weil sie in unmittelbarer Nähe der Festung Kanisa lag. Die Regierung wagte den Bau nicht zu verbieten, weil sich Zriny, wie der venetianische Botschafter bemerkt,[3] nicht darum gekümmert hätte, gerade so wie er trotz der Befehle derselben die Raubzüge in das türkische Gebiet nicht unterliess. Der Kaiser suchte daher den Bau zu entschuldigen, indem er versicherte, dass derselbe nicht zur Offensive, sondern zur Erhaltung des Friedens diene, und bemerkte, dass sich die Pforte um so weniger darüber aufhalten könne, als sie selbst während des Friedens in Ungarn drei bis vier, in Croatien über dreissig solcher Festen aufgeführt habe.[4]

Der Grosswesir hatte auf den Vorschlag des Kaisers, Commissäre zur Feststellung der Grenze zu ernennen, mit der allgemeinen Versicherung geantwortet, man wolle den Frieden, wenn der Kaiser keinen Anlass zum Bruche gebe, und begehre

---

[1] ‚Registratur' 1661 fol. 207 b.
[2] Graf von Serin ist die damals gebräuchliche Form für Zriny.
[3] Depesche vom 9. Juli. Dispacci T. 118, fol. 303 b. Den Bau der Zrinyburg erwähnt er zum erstenmale in einem Berichte vom 2. Juli.
[4] K. Leopold an Reniger, 13. Juli.

auch nichts von den zwei Gespanschaften. Aber er hatte zugleich mit einem Angriffe auf Ungarn gedroht, wenn der Kaiser sich in die Verhältnisse Siebenbürgens einmischen und Kemény schützen wollte.[1]

Als dann im September in Adrianopel, wohin sich der Sultan begeben hatte, die Nachricht eintraf, dass die kaiserliche Armee gegen Siebenbürgen marschire und dass Zriny mit seinem Gebäu fortfahre, wie dass Kemény sich wieder auf das Gebiet des Kaisers retirirt habe, da drohte man, dass der Sultan mit dem ganzen Heere nach Griechisch-Weissenburg (Belgrad) marschiren werde, um mit dem Kaiser Krieg anzufangen. Die Türken wollten Kemény aufsuchen und den für einen Feind halten, der ihn schütze. Besonders, berichtete Reniger, ärgere die Türken der Bau von Serinvár, weil durch dieses die Verproviantirung Kanisas gehindert werde. Es sei schon Befehl gegeben, Truppen zu sammeln, um dasselbe zu zerstören und, wenn Zriny dies hindern wolle, ihn selbst anzugreifen.[2]

Und ähnlich lauteten die Berichte Reniger's in der nächsten Zeit. Am 6. October schrieb er, der Sultan habe selbst gemeint, die Differenzen sollen beigelegt und die Commission zur Feststellung der Grenze ins Werk gesetzt werden. Aber wegen der Krankheit des Grosswesirs habe sich die Ausführung verzögert, und jetzt sei die Lage geändert in Folge der Nachricht, dass die kaiserlichen Völker nach Siebenbürgen ziehen, dass ein Streifzug gegen Ofen unternommen worden sei, dass auch Batthyány Material zum Baue einer Feste sammle. Uebrigens könne das Castell Zriny's allein Anlass zu einem Kriege geben. Sonst würden sich die Türken nach der Wahl Apafy's zufrieden geben, wenn der Kaiser Kemény nicht mehr unterstützte.

Auch am 24. October berichtete der Resident, der Sohn des Grosswesirs habe ihm gesagt, das siebenbürgische Wesen sei jetzt beigelegt. So lange aber Kemény im Gebiete des Kaisers sich aufhalte und dessen Völker sich nicht zurückziehen, können auch die Türken das Land nicht räumen. Wenn der Kaiser Kemény schütze und in seinem Gebiete dulde, werden sie sich mit gesammter Macht dorthin wenden, wodurch der Friede gestört werden könnte. Man solle auch wegen der

---

[1] Reniger an den Kaiser, 19. Juli.
[2] Reniger an den Kaiser, 12. September.

Streifung gegen Ofen Satisfaction geben und wegen des Castells bei Kanisa Abhilfe treffen, dann werde der Friede erhalten bleiben. Doch seien unterdessen die Türken durch die Nachricht von neuen Streifzügen der Ungarn bei Stuhlweissenburg erbittert worden. Man habe ihn aufgefordert, dem Kaiser zu schreiben, er möge sich kategorisch erklären, ob er Krieg oder Frieden wolle. Wenn letzteres, so solle vor allem Kemény aus dem Wege geräumt und das Castell bei Kanisa demolirt und verlassen werden.

Aber einen bestimmten Beschluss vermochte man in Wien nicht zu fassen, weil die auswärtige Lage noch viel zu wenig geklärt war. Die Gesuche, welche man an die fremden Mächte und die deutschen Reichsstände um eine Unterstützung gerichtet hatte, waren bisher fast überall ohne Ergebniss geblieben. Allerdings hatte der Kurfürst von Mainz schon am Beginn des Jahres 1661 die Sendung von 2000 Mann zugesichert und der von Cöln erklärt, er wolle hinter jenem nicht zurückbleiben. Auch der Kurfürst von Baiern hatte ein Angebot gemacht.[1] Die cölnischen und bairischen Völker, 2000 zu Fuss und 600 zu Pferd, waren schon im Juni auf dem Marsche und zogen theils zu Lande, theils auf der Donau nach Ungarn, wo sie dem Heere Montecuccoli's zugetheilt und von diesem nach dem nordöstlichen Ungarn mitgenommen wurden, während die mainzischen Auxiliarvölker, 1400 Mann, wegen der der Festung Zriny's drohenden Gefahr nach Pinkafeld im südwestlichen Ungarn geschickt wurden. Auch der Bischof von Münster hatte sich zur Sendung von 700 Mann zu Pferd und 1000 zu Fuss herbeigelassen. Der Erzherzog Ferdinand Karl von Tirol versprach Geschütz, die Städte Ulm und Nürnberg Pulver.[2] Aber die meisten deutschen Reichsstände verweigerten jede Hilfe, wenn nicht ein Reichstag einberufen würde, und von diesem wollte man in Wien nichts wissen, weil man von ihm neue Einschränkungen der kaiserlichen Gewalt und im besten Falle die Aufstellung eines selbständigen Reichsheeres erwartete.

Auf Frankreich konnte man nur mit Misstrauen blicken, weil es gerade in dieser Zeit bestrebt war, den Rheinbund,

---

[1] Bericht Molin's vom 15. Jänner 1661. Nach Bericht vom 11. Juni hat Baiern 1200 Mann zu Fuss geschickt.
[2] ‚Registratur' 1661 fol. 125 b. 165 b. 185. ‚Protokoll' 1661 fol. 212, 251 b, 269 b, 279, 307 b, 317 b, 340, 344.

welcher 1658 geschlossen worden und gegen den Kaiser gerichtet war, noch zu erweitern. Spanien war überhaupt dagegen, dass der Kaiser sich mit den Türken in einen Krieg einlasse, weil es demselben dann unmöglich war, ihm irgend welche Hilfe zu leisten, die es gegen die aufständischen Portugiesen sehr nothwendig gehabt hätte. Es versprach zwar dem Kaiser für den Türkenkrieg die Einnahmen des Königreiches Neapel zu überlassen. Aber der Vicekönig erklärte, diese nur dann auszahlen zu können, wenn er von den anderen auf dieselben angewiesenen Verpflichtungen befreit würde.

Selbst beim Papste fand der Kaiser nicht das erwartete Entgegenkommen. Er liess zwar im Februar durch seine Nuntien die christlichen Fürsten auffordern, Bevollmächtigte nach Rom zu schicken, um über eine Union zu verhandeln, deren Haupt er sein wollte. Aber die Verhandlungen darüber gingen nicht vorwärts. Auch auf den Abschluss eines engeren Bundes zwischen dem Kaiser, Venedig und dem Papste ging dieser nicht ein und ebenso wenig schickte er Subsidien, obwohl es hiess, dass der Cardinal Mazarin ihm 200.000 Scudi für einen Türkenkrieg vermacht habe.[1]

So blieb dem Kaiser nichts übrig, als die Unterhandlungen mit den Türken hinzuziehen, bis sich die Lage Europas klarer gestaltete.

Am 20. November ertheilte er seinem Residenten neuerdings den Auftrag, den Streifzug de Souches' mit dem Einfall des türkischen Heeres in Oberungarn zu entschuldigen und wegen der Klagen der Türken über Zriny's Schloss darauf hinzuweisen, dass sie während des Friedens ebenfalls an der Karlstädter, Banal- und Meergrenze 38 Schlösser erbaut hätten.[2]

Andererseits trat bei der Pforte ein Wechsel des leitenden Ministers ein, indem der alte Grosswesir Mohammed Küprili am 31. October 1661 starb und sein Sohn Ahmed, ein Mann von 32 Jahren, sein Nachfolger wurde, von dem Reniger am 13. November meldete, dass er mehr zu einem Frieden mit dem Kaiser geneigt sei als sein Vater.[3] Aber von ihren wesentlichen Forde-

---

[1] Ueber die Haltung des Papstes und der übrigen Fürsten finden sich zerstreute Notizen in den Depeschen Molin's und Sagredo's.

[2] Ein Verzeichniss derselben liegt den Acten bei.

[3] Der Inhalt dieses Berichtes findet sich in einer Depesche Sagredo's vom (11.?) December.

rungen gab die Pforte auch jetzt nichts auf. Am 13. November, schrieb Reniger am 29., sei an die gesammte Militia in Asien und Europa Ordre ergangen, sich für den künftigen Feldzug bereit zu halten. Doch wolle die Pforte nicht direct gegen den Kaiser Krieg anfangen, sondern sie werde sich diesem gegenüber so verhalten, wie er sich Kemény gegenüber benehme. Und am 14. December berichtete er, die Sache wegen des Zuges de Souches' habe er ziemlich geordnet; auch von Siebenbürgen verlange die Pforte nichts. Aber wenn der Kaiser im folgenden Jahre den Krieg vermeiden wolle, müsse er Kemény, der sich, wie der Pforte geschrieben worden, nach Szathmár zurückgezogen habe, an einen Ort thun, wo er nichts anfangen könne.

In einem Punkte zeigte sich die Pforte entgegenkommend, bezüglich des vom Kaiser gewünschten Zusammentretens von Commissären an der Grenze. Der neue Grosswesir, berichtete Reniger am 2. Jänner 1662, sei dem nicht abgeneigt. Aber wenn der Kaiser bei seiner Forderung, dass das siebenbürgische Wesen in den Stand gesetzt werde, wie es vor dem Rákóczy'schen Rumoren gewesen, auch die Rückgabe Grosswardeins verstanden habe, so könne davon keine Rede sein, weil die Türken freiwillig nie etwas zurückgeben. Ebensowenig werden sie Kemény oder einen anderen Fürsten dulden, weil Apafy bereits bestätigt sei und den Tribut und die Hälfte der 500.000 Thaler bezahlt habe.[1] Nach seinem Berichte vom 16. Jänner hatte Ali Pascha bereits Vollmacht zur Ernennung von Commissären erhalten.

Wir kennen den Grund nicht, der den Kaiser bewogen hat, gerade in dieser Zeit eine entschlossenere Haltung einzunehmen. Am 9. Jänner 1662 richtete er an Reniger den Befehl, die Herausgabe Grosswardeins und der übrigen den Siebenbürgern abgenommenen Plätze zu verlangen und um die freie Wahl eines anderen Fürsten in Siebenbürgen anzuhalten. Einen Monat später berief er die deutschen Reichsstände in einem Patente, welches wie eine Kriegserklärung an die Pforte klang, auf den 8. Juni zu einem Reichstage zur Abwehr des Erbfeindes der Christenheit, welcher Grosswardein erobert und dadurch Siebenbürgen, die Moldau und die Walachei umfasst und jeder

---

[1] Die andere Hälfte hatte man ihm nach Bericht Reniger's vom 24. October 1661 und 16. Jänner 1662 erlassen.

Hoffnung beraubt habe, sich aus viehischer Dienstbarkeit zu
retten, ja auch Ungarn, Polen und Deutschland bedrohe.[1] Auch die
ungarischen Stände wurden auf den 1. Mai nach Presburg berufen.[2]
Aber wenn man wirklich ernstlich an den Krieg gedacht
haben sollte, so trat bei den Räthen des Kaisers bald wieder
die frühere Muthlosigkeit zu Tage, und man suchte wenn irgend
möglich den Frieden zu erhalten. Dazu mögen nun wohl besonders die Berichte Montecuccoli's
über den Zustand seines Heeres beigetragen haben. Standen
die Ungarn den kaiserlichen Truppen von vorneherein fast
feindlich gegenüber, weil diese, unregelmässig bezahlt und ungenügend verpflegt, schon im Interesse der Selbsterhaltung sich
manche Gewaltthaten erlaubten, so war dies nach dem Rückzuge Montecuccoli's aus Siebenbürgen noch mehr der Fall. Die
Ungarn meinten, die Kaiserlichen seien nicht zu ihrer Vertheidigung, sondern zu ihrer Unterdrückung im Lande. Selbst
die Aufnahme in die Winterquartiere wurde ihnen lange verweigert, so dass sie in dem rauhen Klima furchtbar litten.
Namentlich die Infanterie, berichtete Montecuccoli, sei ganz
krank und nackt und brauche Zeit, sich zu erholen. Ende
Februar sah er sich sogar genöthigt, sein Heer wegen der ungünstigen Verhältnisse von der siebenbürgischen Grenze in die
Gegend von Komorn zurückzuführen.[3] Auch die Besatzungen
in den Festungen litten Mangel. Ein Versuch, Verstärkungen
und Proviant nach Klausenburg zu bringen, misslang, weil er
mit zu geringen Streitkräften unternommen wurde.

Zugleich waren in Siebenbürgen Ereignisse eingetreten,
welche die Aufrechterhaltung des Friedens erleichterten. Am
12. Februar traf in Wien die Nachricht ein, dass Johann Kemény
am 23. Jänner unweit Schässburg von den Türken geschlagen
worden und selbst im Kampfe gefallen sei. Man war also der
Verpflichtungen ledig, die man gegen ihn eingegangen hatte, und
es war kaum noch eine Aussicht, Apafy beseitigen zu können.
Zwar schaarten sich einige vornehme Edelleute um Simon

---

[1] Das gedruckte Patent trägt das Datum 8. Februar, muss aber zurückdatirt sein. Denn Sagredo berichtet erst am 26. Februar, man habe nach
langen Berathungen beschlossen, den Reichstag zu berufen, und drucke
die Patente, um sie an die deutschen Fürsten zu schicken.
[2] Sagredo berichtet von diesem Beschlusse am 12. März.
[3] Bericht Sagredo's vom 26. Februar.

Kemény, den Sohn des gefallenen Fürsten, verweigerten Apafy auch jetzt die Huldigung und wendeten sich um Hilfe an den Kaiser, auf dessen Gebiete sie theilweise Schutz suchten. Aber die Zahl derselben war zu gering, als dass der Kaiser an ihnen bei einem Kriege eine wesentliche Stütze hätte finden können. Auch liess sich nicht verkennen, dass Apafy und die siebenbürgischen Stände, welche den Kaiser um die Herausgabe der in ihrem Lande besetzten Festungen baten, nicht Unrecht hatten, wenn sie ihr Ansuchen damit begründeten, dass sonst die Türken dieselben erobern und dann für sich behalten würden. Selbst die Ungarn waren, wie der venetianische Botschafter am 9. April berichtet, nicht mehr sehr für den Krieg eingenommen, weil der Kaiser zu schwach sei, der grossen Macht der Türken zu widerstehen.

Der Eindruck dieser Verhältnisse wurde noch verstärkt durch die Berichte Reniger's, welcher von der Macht der Türken übertriebene Vorstellungen hatte und den Kaiser immer zum Frieden drängte. Die jetzige Regierung, meldete er am 22. Februar, sei schon entschlossen gewesen, die Waffen von den Grenzen abzuführen und den Krieg in Candia fortzusetzen. Aber bei den Forderungen des Kaisers[1] sei nichts zu hoffen. Die Pforte werde den Apafy schützen und die Festungen zu erobern suchen. Wenn der Kaiser diese behaupten wolle, werde es zum Kriege kommen. Der frühere Grosswesir hätte vielleicht das Feuer schon angesteckt, während der jetzige, ein zwar junger, aber verständiger friedliebender Mann, allerseits zu löschen suche. Der Kaiser möge ja den Krieg vermeiden, weil die Pforte 200.000 Mann ins Feld stellen könne.

Am 20. März fand nun beim Obersthofmeister Fürsten Portia[2] eine ‚Zusammenkunft der dazu deputirten geheimen Räthe'[3] statt, welchen die in letzterer Zeit eingelaufenen Schreiben des Graner Erzbischofs, des Palatins, Montecuccoli's, des Bischofs (Franz St. Györgyi) von Waitzen und der beiden siebenbürgischen Abgeordneten vorgelegt wurden. Als Inhalt dieser Schreiben wird angegeben, dass die von den Kaiserlichen in Siebenbürgen besetzten Plätze um Hilfe an Volk, Proviant und Munition

---

[1] Gemeint sind wohl die von diesem am 9. Jänner ertheilten Weisungen.
[2] Er war am 17. Februar 1662 in den Reichsfürstenstand erhoben worden.
[3] Nur Rottal und Gonzaga, heisst es, seien nicht erschienen.

bitten, dass die meisten Leute in den zwei Gespanschaften
Szathmár und Szabolcs wie die freien Hajduken den Türken
gehuldigt haben, dass die Sache mit Kaschau (das man zur
Aufnahme einer Besatzung bewegen wollte) nicht geordnet und
daher ganz Oberungarn in gefährlicher Lage sei, dass der Palatin
rathe, man solle mit Siebenbürgen und den Türken wegen
Mangels an Kräften Frieden machen und des Grafen Zriny
Burg gehen lassen, weil man sie gegen die türkische Macht
doch nicht werde behaupten können. Man ging nun in eine
Berathung der Frage ein, wie der Friede zu erhalten oder der
Angriff zu bestehen sei.

Was den letzteren Punkt, die ‚Verfassung‘, betrifft, so
wird bemerkt, dass schon jüngst auf Anrathen sämmtlicher geheimer
Räthe die kaiserliche Resolution erfolgt sei, alle Rathschläge
dahin zu richten, als wenn schon wirklich Krieg wäre,
also die Werbungen fortzusetzen, die Obristen, die schon Geld
empfangen, zu mahnen, die Remontirung zu befördern und die
vorhandene Mannschaft kriegstüchtig zu machen. Weiter solle
man Kaschau zu bekommen suchen,[1] das keine Besatzung einnehmen
wolle, aber in grosser Gefahr sei. Es soll auch bei
der kaiserlichen Resolution, die siebenbürgischen Besatzungen
zu behaupten, bleiben. Doch meinte der geheime Rath, dass
man die weit entfernten und schwer zu behauptenden, z. B.
Klausenburg, um nicht die Besatzung zu verlieren, räumen, die
festeren aber, besonders Székelyhid, mit allem Nothwendigen
versehen solle. Doch solle man zugleich die Verhandlungen
mit den Türken fortsetzen. Aber diese sollten sich nicht blos
auf eine Grenzberichtigung beschränken und es sollten angesehene,
gehörig bevollmächtigte Commissäre ernannt werden.
Zugleich solle man der Pforte mit Rücksicht auf die vom Kaiser
in Siebenbürgen besetzten Plätze erklären, dass dieser von
diesem Lande nichts für sich begehre und nur die Herstellung
des alten Zustandes wünsche. Da übrigens wegen der Kränklichkeit
Reniger's, der deswegen auch schon wiederholt um
seine Abberufung gebeten hatte, zu befürchten sei, dass er
plötzlich zur Führung der Verhandlungen nicht mehr im Stande
sei oder gar sterbe, solle man für eine geeignete Persönlich-

---

[1] Wie das geschehen sollte, haben die geheimen Räthe leider anzugeben
unterlassen.

keit sorgen, die ihm beigegeben werden oder eventuell ihn ersetzen könnte.

Zwei Wochen später, am 3. April, wurde eine neue Conferenz gehalten, bei welcher die Fürsten Lobkowitz, Auersperg und Portia und die Grafen Trautson, Schwarzenberg, Oettingen, Lamberg und Montecuccoli anwesend waren. Die Conferenz sprach sich neuerdings für die Verhandlungen mit den Türken aus, weil man nicht stark genug sei, einem so mächtigen Feinde zu widerstehen, von anderen Staaten aber wenig oder nichts zu hoffen, zum Abschlusse einer Liga ausser dem Papste wenig Lust vorhanden und auch auf das deutsche Reich wenig zu bauen sei.

Man berieth nun darüber, ob man es mit der Absendung von Weisungen an Reniger bewenden lassen oder ob man eine eigene Person, welche und mit welchen Instructionen senden solle. Bezüglich der Person gingen die Meinungen auseinander und es wurde gegen den in Vorschlag gebrachten Hofkammersecretär Johann Philipp Beris namentlich geltend gemacht, dass er erst jüngst noch Advocat gewesen sei und von den türkischen Sachen gar keine Erfahrung habe, auch, weil er verheiratet sei, nur auf einige Monate hingehen würde. Bezüglich der zu ertheilenden Instruction bemerkten die geheimen Räthe, dass man Klausenburg und Szamos-Ujvár herausgeben könnte, weil man sie doch nicht erhalten könne. Auch Grosswardein solle man nicht fordern, wenn man Székelyhid behaupten könnte. Die Entfernung Apafy's und die Wahl eines neuen Fürsten sei nicht bestimmt zu fordern, obwohl derselbe schlechter sei als ein Pascha, weil er nur den Namen führen, die Türken aber regieren würden. In Beziehung auf die siebenbürgische Frage war also der geheime Rath schon zu einem vollständigen Rückzuge bereit, was ja um so begreiflicher war, als nicht blos ihr einflussreichstes Mitglied Fürst Portia, ein alter, gichtleidender und bettliegeriger Mann, der den Rest seiner Tage in Ruhe verleben wollte, sondern auch die meisten anderen Räthe immer gegen den Krieg gewesen waren und Fürst Auersperg, ‚der stärkste Schild für Siebenbürgen‘,[1] der eine entgegengesetzte Politik vertrat, mit seiner Ansicht fast allein stand.

---

[1] *il più forte scudo per la Transsilvania* nennt ihn Sagredo in einem Bericht vom 28. Februar 1662.

Man sollte nun meinen, dass man sich beeilt haben würde, mit den Türken noch vor dem Beginn des Sommers, wo dieselben ihre Operationen zu beginnen pflegten, ein Abkommen zu Stande zu bringen. Aber erst am 5. April wurde für Beris, den man trotz der gegen ihn geltend gemachten Gründe für die Mission bestimmte, ein Pass ausgefertigt. Einige Tage darauf trat er die Reise an.[1]
In der Instruction, welche für ihn und den Residenten ausgefertigt wurde,[2] erklärt sich der Kaiser bereit, zur Beilegung der Differenzen Commissäre zu ernennen; nur sollten auch von Seite der Pforte Ali Pascha selbst oder geeignete Minister, nicht aber untergeordnete Personen mit den Verhandlungen beauftragt werden. Gehen die Türken darauf ein, so soll ein allgemeiner Waffenstillstand geschlossen werden. Was die Bedingungen eines Abkommens selbst betrifft, so erklärt sich der Kaiser zur Räumung der siebenbürgischen Festungen bereit, sobald er genügende Garantien für das Zustandekommen des Friedens habe. Als solche Garantie wird zunächst die Rückgabe der von den Türken in den letzten Wirren occupirten siebenbürgischen Festungen bezeichnet. Wenn aber die Pforte darauf nicht eingehen wollte, so sollte es dem Kaiser auch seinerseits gestattet sein, für den Schutz der Grenze zu sorgen, und zwar durch Besetzung der Festen Szathmár und Székelyhid, von denen erstere unbestreitbar ihm gehört, und die zweite, an der Grenze gelegen, auch nie einen Bestandtheil Siebenbürgens gebildet hat, wenn es auch im Besitze von Siebenbürgern gewesen ist. Diese könne der Kaiser absolut nicht aus seinen Händen lassen, falls die Türken Grosswardein und die andern von ihnen occupirten Festungen behalten wollen. Wenn die Türken Apafy's Erwähnung thäten, solle man, ohne sich direct für oder gegen ihn auszusprechen, antworten, dass der Kaiser jeden von den Ständen Siebenbürgens erwählten Fürsten anerkennen würde, der eine friedliche Haltung einnehme. Wenn die Türken entschieden die Demolirung der Feste Zriny's forderten, solle man darauf hinweisen, wie viele Castelle sie während des Friedens errichtet hätten, könne aber

---
[1] Nach den Berichten Sagredo's ist er zwischen dem 16. und 23. April abgereist.
[2] Sie ist von Sagredo in einem Berichte vom 24. Juni in italienischer Sprache mitgetheilt.

dann bemerken, dass dies einer der von den Commissären zu erledigenden Punkte sein würde.

Nachdem Beris nach Constantinopel abgereist war, trafen in Wien Berichte des Residenten Reniger vom 3., 19. und 28. April ein. Im ersten meldete er, dass der Unwille über die Nachrichten aus Ungarn gross und bis auf den Grosswesir, den Reis Kitab (Kanzler) und des Grosswesirs Kehaia oder Hofmeister Alles für den Krieg sei. Es marschiren Völker an die Grenze und es werden wohl noch mehr folgen, besonders wenn die Streifereien der Ungarn nicht aufhören. Auch der Tatarenchan habe Befehl erhalten, mit den Moskowitern Frieden zu schliessen und sich bereit zu halten. Am 28. April schrieb er, die Pforte werde keine Commissäre schicken, weil Ali Pascha genügende Vollmacht habe; dieser werde aber auch nicht persönlich erscheinen, weil dies eine Verletzung seiner Würde wäre. Der Kehaia des Grosswesirs habe gerathen, von der Commission ganz abzustehen, weil doch nichts Gutes herauskommen werde; denn die Türken würden nicht eine Hand breit zurückgeben, keinen anderen Fürsten in Siebenbürgen wählen lassen und auch die Feste vor Kanisa nicht dulden sondern wegnehmen. Diese Feste wie die von den Leuten des Kaisers besetzten Plätze Siebenbürgens, welche beide die Türken angreifen würden, werden den Krieg herbeiführen.

Diese Berichte, welche am 19. Mai der Conferenz der geheimen Räthe[1] vorgelegt wurden, scheinen bei diesen einen grossen Schrecken hervorgerufen zu haben. Sie sprachen sich zwar, da die Türken zum Kriege entschlossen zu sein schienen, für Rüstungen und für die Heranziehung der entfernter liegenden Völker an die Grenze (der in Innerösterreich liegenden nach Radkersburg) aus. Aber sie beschlossen zugleich, an Reniger neue Instructionen zu senden, welche weitere Zugeständnisse enthielten. Er sollte neuerdings versichern, dass der Kaiser den Frieden erhalten wolle, von Siebenbürgen für sich nichts fordere, wenn er eine verlässliche Versicherung des Friedens habe, die siebenbürgischen Festungen dem Fürsten abtreten, das Zriny'sche Werk demoliren lassen werde und gegen Apafy kein Bedenken habe, wenn das Land im vorigen Stand bliebe.

---

[1] Sie fand bei Portia statt und nahmen Lobkowitz, Auersperg, Schwarzenberg, Oettingen, Leslie, Montecuccoli und Sinzendorf daran theil.

Nur von den zwei Gespanschaften werde er nichts abtreten und Székelyhid, das ohnehin in Ungarn gelegen sei, wenn es auch früher im Besitze Siebenbürgens gewesen sei, nicht abtreten; doch könnte dieses im Nothfalle geschleift werden.

Am 10. Juni fand in Presburg, wohin sich der Kaiser mit dem Hofe des ungarischen Landtages wegen begeben hatte, eine neue Conferenz statt, welcher ausser den deutschen geheimen Räthen auch der Erzbischof von Gran, der Palatin, der ungarische Hofkanzler, der Judex Curiae Nádasdy, Graf Zriny und Andere beiwohnten. Man berieth über die Frage, ob man die siebenbürgischen Festungen räumen solle oder nicht. Man sprach sich gegen die sofortige Räumung und für die Vertheidigung Klausenburgs bis zum Aeussersten aus, weil man sonst den Türken bei den Verhandlungen nichts mehr zu bieten hätte und, wenn es zum Kriege käme, Ali Pascha durch diese Festungen wenigstens einige Monate aufgehalten werden könnte.

Unterdessen war Beris am 22. Mai in Constantinopel angekommen und erstattete noch am nämlichen Tage an den Kaiser einen Bericht. Wegen der Commissäre, schrieb er, werde es keine Schwierigkeiten haben, nur würden sie von Ali Pascha im Namen des Sultans geschickt werden. Wegen des Waffenstillstandes werde es schwer gehen, weil Nachricht gekommen sei, dass des Kaisers Völker wieder gegen Siebenbürgen im Anzuge seien.[1] Die Türken seien dem Frieden nicht abgeneigt, aber auch zum Feldzuge fertig. Das siebenbürgische Wesen werde leichter zu ordnen sein als die Zriny'sche Festung, die sie durchaus nicht dulden wollten.

Am 25. Mai hatten Reniger und Beris Audienz beim Grosswesir. Dieser zeigte sich, wie sie am 31. Mai dem Kaiser berichten, dem Zusammentreten einer Commission an der Grenze zwischen Gran und Komorn nicht abgeneigt. Wegen des Waffenstillstandes sei noch kein Befehl ertheilt worden, aber der Sultan habe gesagt, wenn von Seite des Kaisers keine Veranlassung gegeben werde, würden die Türken nichts anfangen. Auf die Klage, dass vom Pascha von Grosswardein von den zwei Gespanschaften eine Steuer erhoben worden sei, habe der Gross-

---

[1] Man suchte nämlich die Besatzung Klausenburgs, das von Apafy eingeschlossen war, zu verstärken und mit den nothwendigen Bedürfnissen zu versehen.

wesir gesagt, es sei demselben nichts dergleichen befohlen und schon an ihn geschrieben worden und man werde ihm neuerdings schreiben. Der Hauptstein des Anstosses sei das Werk bei Kanisa. Wegen Székelyhid solle man sich so lange als möglich stellen, als wenn es zur Spanschaft Szathmár, nicht zu Siebenbürgen gehöre, sonst werden die Türken es per forza zurückhaben wollen und auch die Siebenbürger darauf hinweisen. Für die Grenzconferenz habe Ali Pascha als des Sultans Generalissimus alle Vollmacht.

In Folge dessen reiste nun Beris von Constantinopel wieder nach Norden, um sich zu Ali Pascha nach Temesvár zu begeben.

Aber nachträglich scheint man an der Pforte die Ansichten geändert zu haben und man hielt es für besser, die Verhandlungen selbst in der Hand zu behalten. Der Grosswesir bemerkte dem Residenten, weil beide Theile zum Frieden geneigt und über die Hauptpunkte einig seien, so würde die Conferenz besser an der Pforte als an der Grenze abgehalten. Der Kaiser, welchem Reniger dies mittheilte, erklärte sich damit einverstanden.[1]

So wurden die Unterhandlungen an zwei verschiedenen Orten und von zwei verschiedenen Bevollmächtigten geführt, was gewiss nicht zur Beschleunigung derselben beitrug und leicht zu Verwirrungen führen konnte.

Die Verhandlungen in Temesvár erlangten allerdings keine Bedeutung. Wenn der venetianische Botschafter gut unterrichtet war, hätte Beris überhaupt nur die Weisung erhalten, auf den Congress und den Abschluss eines Waffenstillstandes zu dringen, und zwar nicht nur in Ungarn, wo ja zwischen den Türken und den Kaiserlichen der Friede nie gestört worden war, sondern auch in Siebenbürgen, wo Apafy mit türkischen Truppen seit längerer Zeit das tapfer vertheidigte Klausenburg, wenn auch ohne Energie und Erfolg belagerte, die Verhandlungen über die sachlichen Angelegenheiten aber möglichst lange hinzuziehen und daher der Erörterung der wichtigeren Differenzpunkte, welche Anlass zum Bruche geben konnten, so gut als möglich auszuweichen.[2]

---

[1] Nach Reniger's Depesche vom 23. Juni.
[2] Bericht Sagredo's vom 15. Juli 1662.

Beris selbst berichtet am 20. Juli, dass er bei Ali Pascha Audienz gehabt und dieser ihn gleich gefragt habe, ob er bevollmächtigt sei, die Plätze in Siebenbürgen, unter denen derselbe auch Székelyhid genannt habe, zu räumen und das Zriny'sche Gebäu demoliren zu lassen. Als er dies verneinte und erklärte, er habe Befehl, zu erfahren, wie es Ali mit der von der Pforte bewilligten Commission und dem Waffenstillstand gehalten haben wolle, habe derselbe gesagt, es brauche beides nicht, sondern nur die Erledigung obiger zwei Punkte, die in Constantinopel verabredet worden seien. Uebrigens sei der Waffenstillstand schon publicirt worden. Als er dann am 27. Juli Ali sagte, dass der Kaiser ihm durch den letzten Curier mitgetheilt habe, es solle Alles in Constantinopel verhandelt werden, fuhr Ali, wie Beris am 29. dem Kaiser berichtete, hitzig auf und sagte, er sehe, dass man unsererseits keinen Frieden und Alles nur hinausziehen wolle. Er werde mit seinem Volke aufbrechen, Beris habe hier nichts zu thun und solle an die Pforte oder nach Wien gehen und dort verhandeln. Als Beris bemerkte, er habe Befehl hier zu bleiben, sei der Pascha wüthend fortgegangen.

Unterdessen waren in Constantinopel die Unterhandlungen schon ernstlich begonnen worden, wie sich aus einem Berichte Reniger's vom 23. Juni ergibt.

Der Reis Kitab schlug dem Residenten drei Punkte vor: 1. die Abtretung der von den Kaiserlichen besetzten siebenbürgischen Plätze an den Fürsten; 2. die Demolirung des Werkes bei Kanisa; 3. die Ersetzung des Schadens, der durch die Feindseligkeiten um Ofen den Türken zugefügt worden. Auf die erste Forderung antwortete Reniger, der Kaiser werde die Plätze gleich räumen, sobald er des Friedens versichert wäre und auch die Türken das Land verlassen hätten. Bezüglich des zweiten Punktes bemerkte er, der Türke werde wegen eines so unbedeutenden Werkes, das nur zur Vertheidigung gebaut worden sei, weil es geheissen habe, dass der Krieg ausbrechen werde, keine solche Schwierigkeiten machen, da auch der Kaiser zur Erbauung von 39 (38) Festen durch die Türken die Augen zugedrückt habe. Gegenüber der dritten Forderung wies er auf den Einfall der Türken und Tataren in Oberungarn hin, wofür nicht die geringste Genugthuung geleistet worden sei. Als den Hauptpunkt bezeichnete der Reis Kitab die Feste bei Kanisa, worauf der Resident erklärte, dies werde wohl keine Schwierigkeiten machen, wenn die Türken auch einige Festen demolirten. Der Reis Kitab stellte aber im Namen des Grosswesirs auch noch einige andere Forderungen, gegen welche Reniger keine principiellen Einwendungen erhob, nämlich 1. dass man Apafy im ruhigen Besitze von Siebenbürgen lasse, wogegen nach seinem Tode die Stände das freie Wahlrecht haben sollten; 2. dass der Kaiser rebellischen Siebenbürgern in seinem Gebiete keinen Unterschleif gebe; 3. dass alle Streifungen eingestellt und Batthyány und Zriny im Zaume gehalten werden sollten; 4. dass eine Unterstützung des jungen Rákóczy und des jungen Kemény nicht erlaubt werde. Zugleich sprach der Reis Kitab den Wunsch aus, dass der Kaiser möglichst bald mit der Räumung wenigstens eines Platzes in Siebenbürgen den Anfang mache.

Die Türken legten bereits einen fertigen Vertragsentwurf vor, welchen der Resident zur Ratification an den Kaiser nach Wien sandte, da er auf die Forderung des Residenten, ihn auf eigene Verantwortung anzunehmen, denn doch nicht eingehen konnte.

Der Entwurf enthielt folgende Bestimmungen.[1]

1. Der Kaiser soll seine Truppen aus Siebenbürgen zurückziehen und auch der Sultan Ali Pascha mit seinem Heere von jenen Grenzen abberufen.

2. Die Feste des Grafen Zriny bei Kanisa soll zerstört werden.

3. Der Pascha von Grosswardein soll fortan von den Gebieten des Kaisers keine Abgaben erheben.

4. Die Comitate Szathmár und Kalló (Szabolcs) sollen wie bisher dem Kaiser verbleiben; doch darf er dort kein organisirtes Heer[2] mit einem Generale halten.

5. Die Türken sollen in diesen Comitaten keine Abgaben und Leistungen fordern.

6. Von den Ungarn sollen nach den benachbarten Gebieten keine Streifzüge mehr unternommen werden.

---

[1] Er liegt leider dem Berichte Reniger's nicht bei Aber der Inhalt ist in einer Depesche des venetianischen Botschafters Sagredo vom 5. August mitgetheilt, und zwar mit den Abänderungsanträgen des Kaisers, welche wir sonst auch nicht kennen.

[2] *formalis exercitus* glaube ich so übersetzen zu sollen.

7. Apafy soll Fürst von Siebenbürgen bleiben und nach seinem Tode die Stände das Recht haben, einen neuen Fürsten zu wählen.

Dieser Entwurf wurde den vornehmsten ungarischen Grossen mitgetheilt, welche mit den Bestimmungen desselben durchaus nicht einverstanden waren. Ihren Wünschen entsprechend wurden bei jedem Punkte Abänderungen beantragt.

Der erste sollte lauten, dass beide Kaiser ihre Soldaten aus Siebenbürgen zurückberufen sollten, wenn das Friedensinstrument festgestellt und von beiden Theilen ausgetauscht worden wäre.

Der zweite Paragraph erhielt den Zusatz, dass die Zerstörung der Feste Zriny's erfolgen, dasselbe aber auch von Seite der Türken mit den von ihnen nach dem Frieden (von 1606) erbauten Forts geschehen sollte.

Im dritten Paragraphe sollte der Pascha von Grosswardein nicht erwähnt werden, damit nicht indirect die Abtretung Grosswardeins anerkannt wäre.

Der vierte Punkt wird angenommen unter der Bedingung, dass die Grenzen bestimmt und verschiedene Ortschaften, namentlich Székelyhid, als innerhalb derselben liegend angeführt würden.

Zum fünften Paragraph sollte der Zusatz gemacht werden, dass diese Bestimmung auch von allen anderen Orten im Gebiete des Kaisers gelten sollte.

Auch dem sechsten Paragraphe sollte beigefügt werden, dass auch den Türken solche Streifzüge verboten sein sollten.

Der siebente Paragraph sollte lauten, dass Siebenbürgen bei seinen alten Privilegien erhalten werden und den Ständen immer das Recht der freien Wahl zustehen sollte, eine Fassung, wodurch die Anerkennung Apafy's vermieden würde.

Endlich sollte noch ein neuer Paragraph hinzugefügt werden, wornach allen Anhängern des einen oder anderen Theiles Amnestie gewährt und ihre Güter zurückgegeben werden sollten.

Dieser corrigirte Vertragsentwurf wurde mit Schreiben des Kaisers vom 28. und 29. Juli an Reniger abgesendet und diesem Auftrag gegeben, für denselben die Unterschrift und die Ratification des Sultans zu erwirken, wenn aber etwas daran geändert würde, den Curier zurückzuschicken und die Resolution des Kaisers einzuholen.

Am 17. August traf der Curier, der am 1. von Wien abgereist war, in Constantinopel ein. Schon am folgenden Tage legte Reniger den lateinischen Text dem Grosswesir vor, mit der allerdings nicht ganz richtigen Bemerkung, dass an dem türkischen Entwurfe nichts Wesentliches geändert, sondern nur einiges zur Vermeidung von Missverständnissen genauer gefasst worden sei. Am 19. wurde dann vor dem Sultan im Beisein des Mufti, des Grosswesirs, des Reis Kitab, des Janitscharen-Aga und des Chehaia Beg Rath gehalten und der Reis Kitab beauftragt, mit dem Residenten darüber zu verhandeln.

Zwei Punkte bildeten hauptsächlich den Gegenstand der Differenzen, die Forderung des Kaisers, dass auch die Pforte Festen zerstöre, und die Stellung der Hajduken, die im östlichen Ungarn in der Nähe der türkischen Grenze wohnten. Gegen die erstere Forderung machte der Reis Kitab geltend, es finde sich kein Beispiel, dass die Türken so etwas gethan hätten. Was die Hajduken betrifft, welche der Kaiser im corrigirten Vertragsentwurfe offenbar ausdrücklich für sich in Anspruch genommen hatte, so sollte klar gestellt werden, ob jene, die in des Kaisers Gebiete wohnten, oder jene, welche zu Grosswardein gehört und sich freiwillig unter den türkischen Schutz begeben hätten, gemeint seien. Darüber sollte sich der Kaiser gegen Ali Pascha erklären.[1]

Auf Grund dieser Verhandlungen wurde vom Reis Kitab der Vertrag in neuer Fassung vorgelegt, die um so wichtiger ist, als seine Bestimmungen mit jenen des Friedens von Vasvár im Wesentlichen übereinstimmen.

1. Die von den Kaiserlichen in Siebenbürgen besetzten Städte und Burgen sollen dem Fürsten und den Ständen zurückgegeben werden, die Truppen beider Theile das Land verlassen. (Wenn ein Wechsel des Fürsten eintreten muss, können die Stände nach den alten kaiserlichen Privilegien nach ihrem Willen aus ihrer Mitte eine taugliche Person wählen.[2])

---

[1] Ueber diese Verhandlungen siehe Reniger's Bericht vom 4. September 1662.

[2] Der eingeklammerte Satz: „*Quando doverà seguire mutatione di prencipe, possino li stati secondo l'antiche imperiali capitulationi eleggere e ritrovare persona habile tra loro con loro libera volontà, che doverà esser prencipe e godere l'antica libertà, prerogative e giurisditioni*' fehlt in dem dem Berichte Reniger's vom 4. September beiliegenden Vertragsentwurfe, steht aber in der von Sagredo in seiner Depesche vom 22. October an den Dogen gesendeten Fassung und muss auch in der That im Entwurfe vorhanden gewesen sein, weil er sich auch in dem von Goëss und Beris als Beilage

2. Die Comitate Szathmár und Szabolcs wie die anderen Gebiete des Kaisers mit ihren Städten, Burgen, Palanken und Dörfern wie die von Alters her dem Kaiser gehörigen Hajduken sollen weder von den Türken noch von den Siebenbürgern oder deren Fürsten belästigt und von ihnen keine Abgaben und Steuern erhoben werden.

3. Die Söhne Rákóczy's und Kemény's wie Andere aus Oberungarn sollen sich nicht mit Truppen in die Verhältnisse Siebenbürgens einmischen.

4. Der Kaiser kann Städte und Castelle in den zwei Gespanschaften besonders Szathmár, Székelyhid, Károly, Kalló und Ecsed befestigen, aber keine organisirten Heere unter Generalen hineinführen. Wenn obige Plätze wirklich in den zwei Gespanschaften und im Gebiete des Kaisers liegen, sollen sie nicht beunruhigt werden.

5. Feinde des einen oder andern Kaisers sollen beim andern keine Zuflucht finden.[1]

6. Die neue Feste bei Kanisa soll zerstört werden.

7. Streifzüge sollen nicht gestattet, oder bestraft, die Heere von den Grenzen abgeführt werden.

8. Die Siebenbürger, welche in den letzten Bewegungen das Land verlassen haben, sollen ihre Güter und Würden wieder erhalten, wenn sie ihren Fürsten treu sind.

Man kann nicht sagen, dass die Türken übertriebene Forderungen gestellt haben.

Die Punkte 3, 5 und 7 entsprechen nur den Verpflichtungen, welche jeder Staat dem andern schuldet. Die Punkte 2, 4 und 8 lagen im Interesse des Kaisers. Der Punkt 1 legte in seinem ersten Theile beiden Theilen die gleiche Verpflichtung auf. Zur Schleifung Serinvár's (§ 6) hatte sich der Kaiser bereit erklärt, wenn dasselbe von Seite der Türken mit den von ihnen seit

---

zu einem Berichte vom 31. Jänner 1663 gesendeten Vertragsentwurfe, ‚wie er von den Türken zuletzt corrigirt worden‘, gleichlautend findet und bei den späteren Verhandlungen wiederholt darauf Bezug genommen wird.

[1] Der Artikel hatte nach der Correctur des Reis Kitab früher gelautet: dass die Siebenbürger das Recht haben sollten, ihren Fürsten frei zu wählen, und dass, wenn einer von diesen *rebellis* würde, er nicht in das Gebiet des Kaisers aufgenommen und beschützt werden sollte. Dies war dann in obiger Weise verallgemeinert worden.

1606 erbauten Befestigungen geschähe. Aber diese Forderung war nicht so sehr im Interesse des Staates gestellt worden, da diese türkischen Forts keine grosse militärische Bedeutung hatten, als weil man glaubte, man müsse dies wegen der Ehre des Kaisers und vielleicht auch mit Rücksicht auf die Ungarn verlangen, damit man darauf hinweisen könnte, dass auch die Türken ein ähnliches Opfer gebracht haben. Von diesem Punkte abgesehen, waren die Wünsche, welche in dem vom Kaiser corrigirten Vertragsentwurfe Ausdruck gefunden hatten, im Wesentlichen berücksichtigt worden. Nur die Bestimmung, dass die Stände Siebenbürgens das Recht der freien Wahl haben sollten, ‚wenn eine Aenderung des Fürsten eintreten muss‘, war zweideutig, indem er die Möglichkeit nicht ausschloss, dass der Sultan einen gewählten Fürsten, der seine Unzufriedenheit erweckte, seiner Würde beraubte.

Der Resident unterliess übrigens nicht, die Gründe, welche für die Annahme dieses Entwurfes sprachen, durch Hinweis auf die Zunahme der kriegerischen Stimmung und die Rüstungen der Türken zu verstärken. Die Pforte sei, schreibt er am 4. September an den Kaiser bei der Uebersendung des Entwurfes, wegen des langen Hinziehens der Verhandlungen und in Folge von Hetzereien voll Argwohn, dass der Kaiser den Frieden nicht wolle. Sie werden im Frühling die ganze Macht ins Feld schicken. Am 26. August habe man den Krieg gegen Dalmatien öffentlich ausgerufen und den Völkern in Asien und Europa Befehl gegeben, auf künftigen Frühling bei Zeiten anher und dann unter des Grosswesirs Führung bis auf weitere Ordre nach Belgrad zu ziehen. Habe man sich bis dahin geeinigt, so werden die Türken nach Dalmatien ziehen, sonst müsse sich der Kaiser auf den Angriff der ganzen Macht gefasst machen.[1]

Um so rascher hätte man in Wien, da man ja den Frieden ernstlich wollte, zu diesem Vertragsentwurfe Stellung nehmen sollen. Aber die Regierung liess den Residenten mehrere Monate ohne Antwort, obwohl dieser eine allarmirende Depesche nach der andern schickte.

Am 30. October schrieb er, dass bei Gallipoli immer asiatische Völker übergehen und zu Ali Pascha ziehen. Wenn vom Kaiser nicht bald eine halbwegs gute Resolution komme,

---

[1] Dasselbe meldet Reniger in einem Berichte vom 21. September.

werde man Ali Pascha Befehl schicken, sich mit seiner Armee gegen Kanisa zu wenden. Am 13. November berichtet er, von der Grenze werde gemeldet, dass der Kaiser gar keine Apparenz zum Frieden gebe, und dass das Gebäu bei Kanisa fortgesetzt werde. Daher setze auch die Pforte die Rüstungen fort; man sende Geschütze nach Belgrad und es sei an den Tatarenchan geschrieben worden, sich bereit zu halten. Ali Pascha solle sich mit seiner Armee noch diesen Winter nach Kanisa begeben und des' Zriny Werk attakiren, was er ohne Verletzung des Friedens thun könne, weil es gegen den Frieden aufgerichtet worden sei. Am 26. November und in ähnlicher Weise auch am 4. December schreibt er, weil vom Kaiser noch keine Resolution angelangt sei, beschuldige man ihn und den Dolmetsch Panajotti, dass sie die Türken durch ihre Verhandlungen betrogen und zu so langer Unthätigkeit veranlasst hätten. Am 22. December meldet er, der Grosswesir wolle im nächsten Frühjahr mit dem Heere nach Belgrad. Doch fügte er diesmal bei, wenn vom Kaiser eine gute Resolution komme, so hoffe er noch Alles richten zu können, weil die hohen Minister besonders der Grosswesir und der Reis Kitab mehr zum Guten als zum Ueblen geneigt seien.

Man beeilte sich in Wien auch diesmal mit der Fassung eines Beschlusses durchaus nicht. Wochen lang wurden über diese Frage Berathungen gehalten, wobei sich wieder die Ansichten Auersperg's und Gonzaga's einerseits, die Portia's, Schwarzenberg's und der übrigen geheimen Räthe andererseits gegenüberstanden. Jene erklärten, dass auf Grund der Forderungen der Türken ein dauerhafter Friede nicht möglich sei, dass diese jetzt nur deswegen dafür seien, weil der Krieg mit Venedig noch fortdauere, und dass sie ihn bei der nächsten günstigen Gelegenheit brechen werden. Diese sagten, dass der Kaiser, wenn er mit Unterstützung des Reiches, dessen Stände in Regensburg noch immer nicht zusammengetreten waren, einen Krieg führen wolle, dies immer thun könne.[1]

Die Ungarn legten besonders auf zwei Fragen Gewicht, die in Constantinopel unentschieden geblieben waren, erstens dass Székelyhid, als zu Ungarn gehörend, dem Kaiser bleibe, was den Verlust Grosswardeins theilweise aufwiegen würde;

---

[1] Bericht Sagredo's vom 15. October 1662.

zweitens dass die freien Hajduken als Unterthanen des Kaisers anerkannt werden, weil man in diesen kriegstüchtigen Leuten den besten Schutz für Székelyhid erblickte.[1] Um diese beiden Punkte drehten sich in der nächsten Zeit die Verhandlungen. Da Beris die Frage, ob die freien Hajduken und die Festungen Székelyhid, Nagy-Károly und Ecsed in den dem Kaiser gehörenden zwei Gespanschaften Szathmár und Szabolcs lägen, bejaht, aber vorsichtig hinzugefügt hatte, er wisse es nicht gewiss, forderte der Grosswesir Ali Pascha auf, darüber Erkundigungen einzuziehen. Ali Pascha meldete dies in einem Schreiben vom 2. October, mit welchem er den Husein Aga nach Wien schickte, dem Fürsten Lobkowitz, der als Hofkriegsrathspräsident den Verkehr mit der Pforte und den Grenzpaschas vermittelte, und fügte bei, er habe verschiedene Personen gefragt und diese übereinstimmend versichert, dass die Hajduken vom Gouverneur von Grosswardein abhängen, dass Nagy-Károly einer ihrer Flecken und im Register des Sandschakates von Szolnok eingetragen, Székelyhid immer dem Commandanten von Grosswardein unterworfen gewesen sei, Ecsed immer zu Siebenbürgen, nie zu Szathmár oder Kalló (Szabolcs) gehört habe und Eigenthum des alten Rákóczy und seines Sohnes gewesen sei. Um übrigens die Sache ins Reine zu bringen, solle man eine genügend bevollmächtigte Person zu ihm schicken oder Beris, der bei ihm sei, mit den Verhandlungen betrauen.[2]

Man beschloss nun, den Baron Goëss, einen fähigen, gewandten Mann, der während des nordischen Krieges Gesandter am dänischen Hofe gewesen war, an Ali Pascha zu senden und diesem reiche Geschenke mitzugeben, um den Pascha, von welchem die Entscheidung dieser Fragen abhing, günstig zu stimmen. Auch eine hohe Geldsumme sollte demselben an-

---

[1] Bericht desselben vom 22. October.
[2] Das Schreiben ist von Sagredo in einem Berichte vom 22. October vollständig mitgetheilt. — Nach Constantinopel meldete Ali Pascha, wie Reniger am 19. October berichtet, dass Székelyhid dem Franz Rhédey als Capitän von Grosswardein gehört habe, also Zubehör dieser Festung sei, Károly ein altes Siamet und schon zur Zeit der Einnahme Erlau's (1596) in des Sultans Register eingeschrieben gewesen sei und seither ohne Widerspruch Tribut gezahlt habe, dass dasselbe mit Kalló der Fall sei, dass um Grosswardein alles Hajduken gewesen seien.

geboten werden, wenn ein den Wünschen des Kaisers entsprechender Friede zu Stande käme.

Es ist ein neuer Beweis für die Lässigkeit und den Leichtsinn, mit welchem damals in Wien die wichtigsten Geschäfte betrieben wurden, dass Lobkowitz am 31. October an Ali Pascha das Beglaubigungsschreiben für Goëss, der mit Beris ihn informiren sollte, ausfertigte,[1] dass dieser aber erst in den ersten Tagen des December von Wien abreiste.[2] Die Reise verzögerte sich auch dann noch in einer unglaublichen Weise, weil Goëss, der die Fahrt bis Ofen zu Schiff machen wollte, durch das Eis gezwungen ward, sie zu Lande fortzusetzen, und dann noch durch den tiefen Schnee aufgehalten wurde. Erst am 20. December verliess er Ofen, am 9. Jänner 1663 traf er bei Ali Pascha in Temesvár ein.[3] Wie Goëss und Beris am 27. Jänner berichteten, liess sich Ali Pascha in keine systematischen Verhandlungen über die einzelnen Artikel ein, sondern sprach in verschiedenen Audienzen über alles Mögliche durcheinander.

Die Unterhandlungen betrafen die Punkte, welche in Constantinopel nicht vollständig erledigt worden waren.

Wegen der freien Hajduken in den zwei Gespanschaften gab Ali Pascha zu, dass sie beim Kaiser bleiben sollten.

Von den im Artikel 4 genannten Ortschaften verlangte Ali die Herausgabe Székelyhids, weil es nicht in den zwei Comitaten gelegen sei, wogegen sie erklärten, dass es nie zu Siebenbürgen gehört habe und dass es der Kaiser mit demselben Recht besitze, wie der Sultan Grosswardein. Ali wollte nun darüber die Weisungen der Pforte einholen und die kaiserlichen Bevollmächtigten sprachen ihre Ueberzeugung aus, dass höchstens die Demolirung zu erreichen sein würde.

Die Verhandlungen über das im Artikel 1 den Ständen Siebenbürgens zugesprochene Recht der freien Fürstenwahl

---

[1] K. k. Staatsarchiv. Turcica.
[2] Bericht Sagredo's vom 10. December. — Es entspricht dem, wenn Reniger am 5. Jänner 1663 meldet, er habe ein Schreiben des Kaisers vom 31. October mit Postscriptum vom 1. December (!), das Goëss unter dem 17. December mit des Pascha von Ofen Curier bestellt habe, am 31. December erhalten.
[3] Nach seinem Berichte vom 27. Jänner.

drehten sich um die Frage, ob diese erfolgen sollte, *quando mutatio facienda erit*, wie die Türken, oder *quando principatum vacare contigerit*, wie der Kaiser vorschlug. Eine Einigung erfolgte auch über diesen Punkt nicht und die Bevollmächtigten meinten, dass man diesen Passus vielleicht ganz weglassen könnte.

Dieser Bericht[1] wie die letzten Depeschen Reniger's wurden nun auf Befehl des Kaisers den dazu deputirten geheimen Räthen vorgelegt. Die Conferenz, welche bei Portia abgehalten wurde, sprach sich dahin aus, dass man sich auf den Frieden nicht zu sehr verlassen solle, weil Ali die streitigen Artikel nicht gut geheissen habe. Man solle sich in Postur erhalten, damit man sich den Feinden im Nothfall entgegenstellen könne. Weil man aber mit Munition, Proviant, Artillerie und Volk nicht genugsam versehen sei, solle man den Frieden möglichst befördern. Bezüglich des Eintrittes der Fürstenwahl in Siebenbürgen könnte man obige Einleitung weglassen. Was Székelyhid betrifft, so beruhe auf diesem Platze die Sicherheit und die Reputation. Aber wenn der Friede von diesem Punkte allein abhängen sollte, so könnte man die Demolirung und im Nothfalle auch die Zurückgabe an den rechtmässigen Besitzer, die Familie Zolyomy, zugestehen.

Der Kaiser, dem dieses Gutachten am 21. Februar vorgelegt wurde, sprach seine Zustimmung aus.

Da Oesterreich auch bezüglich Székelyhids, dessen Rückstellung an Siebenbürgen der Grosswesir allerdings unbedingt verlangte,[2] nachzugeben bereit war, so schien die Kriegsgefahr abgewendet. So sicher rechnete man in Wien auf den Frieden, dass man um diese Zeit den Spaniern fünf der besten Regimenter, die man auf 7000 Mann schätzte, für ihren Krieg gegen Portugal überliess.

Aber wieder liess man mehrere Wochen verstreichen, bis man an Goëss und Reniger die nothwendigen Instructionen schickte.[3]

---

[1] Er umfasst 14 Bogen folio.
[2] Dies meldet Reniger, der mit dem Grosswesir darüber verhandelt hatte, am 14. Februar aus Constantinopel, und Goëss und Beris, denen Ali Pascha ein Schreiben des Grosswesirs mitgetheilt hatte, am 1. März aus Temesvár.
[3] Sagredo meldet zwar am 4. März, es seien ‚vorgestern' Weisungen an Goëss abgeschickt worden, der Demolirung und im Nothfalle der Zurückgabe Székelyhids zuzustimmen, und es sei davon auch dem Residenten

Erst als ein Bericht Reniger's vom 24. Februar eintraf, dass der Grosswesir das Ultimatum gestellt habe, man müsse sich für den Krieg oder Frieden entscheiden, und dass, wenn man den letzten Erklärungen der Pforte nicht zustimme, sich ihre Waffen nicht gegen Dalmatien sondern gegen Siebenbürgen wenden würden,[1] fertigte der Kaiser am 16. März für Reniger, am 20. für Goëss und Beris die Vollmacht aus, zu erklären, dass er im Interesse des Friedens das Castell und die Festungswerke von Székelyhid demoliren wolle, wenn die Türken mit dem benachbarten St. Job dasselbe thäten.[2] Aber es scheint auch jetzt die Absendung des Curiers nicht gleich, sondern erst am 30. März erfolgt zu sein.[3]

Als Goëss und Beris diese Vollmacht erhalten hatten, nahmen sie am 10. April bei Ali Pascha Audienz. Da dieser bemerkte, dass er den Krieg erklären werde, wenn der Kaiser auf dem Besitze von Székelyhid bestehe, gaben sie die Erklärung ab, zu der sie vom Kaiser bevollmächtigt worden waren. Ali erklärte sich damit zufrieden, sagte aber, dass er die Sache an den Grosswesir gelangen lassen müsse.

An Reniger gelangte die Vollmacht des Kaisers erst am 17. April, und er machte noch am nämlichen Tage von dem Zugeständnisse, zu dem sich derselbe herbeiliess, dem Grosswesir Mittheilung.

Aber das verhängnissvolle ‚zu spät!‘ war auch diesmal eingetreten. Am 19. März war der Sultan, wie Reniger am 22. berichtete, nach Adrianopel aufgebrochen, wohin ihm der Grosswesir folgen sollte, um dann direct nach Belgrad zu ziehen. Die Türken, schreibt der Resident, seien entrüstet, dass sie durch die Verhandlungen nur hingehalten werden. Am 16. April meldete er, dass der Grosswesir, dem er nach Adrianopel hatte folgen müssen, am 9. die vornehmsten Kriegsobristen zu sich

---

Mittheilung gemacht worden. Aber beide erwähnen keine früheren Weisungen als vom 16. beziehungsweise 20. März.

[1] Diesen Bericht erwähnt nur Sagredo in einer Depesche vom 18. März.
[2] Diese Vollmachten sind nicht erhalten, werden aber von Goëss in seinem Berichte vom 15., von Reniger in dem vom 22. April erwähnt.
[3] Sagredo berichtet am 1. April, vorgestern sei ein Curier nach Constantinopel gesendet worden, der, über Temesvár reisend, auch an Goëss eine Depesche übergeben solle, worin die Demolirung und im Nothfalle auch die Abtretung Székelyhids an Apafy zugestanden sei.

berufen und im Beisein des Mufti dargelegt habe, wie viel die Türken bisher nachgesehen, damit der Friede erhalten bleibe, und wie sie sich den ganzen Sommer und Winter durch Verhandlungen haben aufhalten lassen. Man sehe aber keinen Ernst, das Zriny'sche Werk bei Kanisa sei noch nicht demolirt; der Kaiser wolle von den zu Siebenbürgen gehörigen Festungen eine zurückbehalten. Darauf habe sich der Janitscharen-Aga für die Verzichtleistung auf den Feldzug nach Dalmatien und für den Krieg mit den Deutschen ausgesprochen und die anderen ihm beigestimmt. Dann seien der Grosswesir und der Mufti zum Sultan gegangen, der den Krieg gegen den Kaiser bewilligt habe. Am 11. sei ein Bote an den Chan der Tataren abgegangen mit der Aufforderung, persönlich aufzubrechen. Am 12. habe der Sultan dem Grosswesir die Fahne Mohammeds eingehändigt. Die Paschas von Aleppo und Damascus, die bei Constantinopel übergehen, seien auch avisirt worden. Beide bringen 15.000—20.000 Mann Cavallerie, die andern Paschas, welche bis auf jene von Aegypten, Babylonien und Mesopotamien alle kommen, je 1000—2000 Mann. Die Militia aus Graecia, die der beste Nervus sei, werde alle aufbrechen. Mit den bei Ali Pascha befindlichen Truppen werde man wenigstens 100.000 Mann zusammenbringen. Der Tatarenchan verspreche 60.000 Mann, die Moldauer, Walachen und Siebenbürger werden wenigstens 20.000—25.000 Mann machen, so dass die Armee nicht viel weniger als 200.000 Mann stark sein werde. Reniger, der in seiner Ueberschätzung der Türken auch die übertriebensten Zahlenangaben glaubte, bemerkte, ihm wolle das Herz brechen, dass alle seine Bemühungen um den Frieden, den der Kaiser in den Händen gehabt habe, umsonst und wegen des einzigen Székelyhid ein so grausames Unheil von den Türken zu besorgen sei.

Als nun der Resident am 17. April dem Grosswesir mittheilte, dass der Kaiser im Interesse des Friedens Székelyhid schleifen lassen wolle, wenn die Türken mit St. Job dasselbe thäten, erklärte der Grosswesir, man habe sich lange hinhalten lassen; jetzt könne er von Tractaten nichts mehr hören. ‚An der Grenze wollen wir weiter reden.' Wäre die Resolution wegen Székelyhid acht Tage früher gemeldet worden, so hätte sich alles richten lassen, schliesst Reniger den Bericht, welchen er am 22. April über diese Audienz erstattete.

Am 18. April wurde auch in Constantinopel der Krieg gegen die Deutschen ausgerufen.[1]

III.
Die Verhandlungen während des Krieges und der Abschluss des Friedens von Vasvár.

Nachdem der Sultan den Krieg gegen den Kaiser beschlossen hatte, brach der Grosswesir mit den bei ihm befindlichen Truppen von Adrianopel gegen Norden auf und traf am 4. Mai in Sofia ein. Hier blieb die Armee wegen der Kameele und Pferde, welche auf grünes Futter angewiesen waren, längere Zeit liegen, trat aber dann den Weitermarsch nach Belgrad an, wo der Grosswesir am 8. Juni seinen Einzug hielt. Hier sollten sich die türkischen Truppen für den Feldzug gegen den Kaiser sammeln.

Aber trotz des Kriegszustandes wurden die Verhandlungen nicht abgebrochen.

Die Räthe des Kaisers gaben die Hoffnung, den Frieden erhalten zu können, noch immer nicht auf. Am 16. und 23. Mai schickte der Kaiser an Goëss ein Schreiben mit einer Vollmacht des Hofkriegsrathspräsidenten Lobkowitz für ihn und Reniger,[2] deren Inhalt wir leider nicht kennen. Auch der Grosswesir hielt sich die Möglichkeit offen, die Unterhandlungen fortzuführen. Er nahm daher den kaiserlichen Residenten mit sich und gab auch Ali Pascha den Befehl, Goëss und Beris nach Belgrad mitzunehmen.

Ali Pascha hatte diese schon am 24. April zu einer Audienz gefordert und ihnen mitgetheilt, dass es wegen der Demolirung von Székelyhid und St. Job seine Richtigkeit habe, dass aber der Grosswesir jetzt 200.000 Thaler verlange, weil der Kaiser durch den Bau der Festung bei Kanisa, die Einsetzung eines Fürsten in Siebenbürgen, die Besetzung dortiger Plätze, die Verbrennung einer Palanke und Wegführung vieler Gefangener den Frieden gebrochen habe, daher ein neuer ge-

---

[1] Nach Bericht Reniger's aus Sofia vom 21. Mai.
[2] Erwähnt in ihrem Berichte vom 14. Juni aus Griechisch-Weissenburg.

schlossen und wie bei dem von Zsitva Torok eine Summe Geldes gezahlt werden müsse.[1] Später forderte auch der Grosswesir, wie Reniger am 9. Mai aus Sofia berichtet, wegen der Ausgaben, die er schon gehabt habe, 200.000 Gulden wie 1606. Doch erklärte der Grosswesir, als Goëss und Reniger nach seiner Ankunft in Belgrad am 10. Juni bei ihm Audienz hatten, dass er sich in keine Tractate einlasse, so lange nicht das Werk Zriny's geschleift und die siebenbürgischen Festungen geräumt seien, mit welcher Erklärung sie Beris an den Kaiser schicken sollten. Auch in einem Briefe, den der Grosswesir am 20. Juni an Lobkowitz schrieb und dem Secretär Beris mitgab, stellt er als Vorbedingung für die Verhandlungen über die Erneuerung des Friedens die gleichen Bedingungen auf.[2]

Unterdessen hatte der Grosswesir seinen Marsch fortgesetzt. Am 21. Juni brach er von Belgrad auf, nachdem sein Heer sich schon am 14. über die Brücke, die über die Save geschlagen worden war, in Bewegung gesetzt hatte. Am 28. langte er in Essek an, wo am 7. Juli die Drau überschritten wurde.

Goëss und Reniger, die ihm folgen mussten, hatten am 3. Juli mit dem Grosswesir, am 4. mit anderen Würdenträgern eine Besprechung. Der Reis Kitab, der das Wort führte, sagte, der Sultan habe sich alle Tractate seiner Vorfahren vortragen lassen, und von diesen habe ihm keiner so gut gefallen wie jener, den Suleiman mit dem Kaiser Ferdinand I. geschlossen hatte, vermöge welchem dieser jenem jährlich 30.000 Ducaten zu zahlen sich verpflichtete. Wollten sie diese Bedingung auch eingehen, so sei Alles richtig. Sie haben dies zurückgewiesen, aber der Grosswesir habe ihnen sagen lassen, dass er darauf bestehe.[3] Ernst dürfte es dem Grosswesir mit der Forderung

---

[1] Nach dem Frieden von Zsitva Torok hatte der Kaiser statt des bisherigen Tributes ein- für allemal 200.000 Gulden zahlen müssen. Jetzt ist bald von Gulden, bald von Thalern die Rede.

[2] Diesen Brief hat Sagredo in einem Berichte vom 21. Juli vollständig mitgetheilt. Dagegen finden sich für die Richtigkeit der von ihm wiederholt gemachten Angabe, dass der Grosswesir auch die Abtretung der Gespanschaften Szathmár und Kalló (Szabolcs) an Siebenbürgen verlangt habe, keine Anhaltspunkte. Namentlich Goëss und Reniger erwähnen dies nie.

[3] Bericht Goëss' und Reniger's vom 9. Juli aus Bataszék (nördlich von Mohács).

eines Tributes wohl nicht gewesen sein, wenn er auch, wie Goëss und Reniger am 20. und 21. Juli an den Kaiser schreiben, in Folge der ihn umgebenden Macht und der Nachricht von den ungenügenden Kräften des Kaisers nur noch hochmüthiger und untractabler geworden war. Am 16. theilte ihnen denn auch der Dolmetsch Panajotti mit, dass der Grosswesir die Forderung des Tributes fallen lasse, aber auf der einmaligen Bezahlung von 200.000 Thalern bestehe, die in barem Gelde und durch eine grosse Botschaft an die Pforte gebracht werden müssten und von dieser mit Geschenken ad libitum erwidert werden würden. Sie sprechen übrigens die Vermuthung aus, dass der Grosswesir vielleicht nachgiebiger geworden sei, weil er Nachricht erhalten habe, dass man beim Sultan gegen ihn intriguire, was ihm die Rückkehr zu demselben wünschenswerth erscheinen lassen musste.

Man kann wohl mit Sicherheit annehmen, dass der Grosswesir, wenn er auch einem vortheilhaften Frieden nicht abgeneigt war, doch nicht nach Hause ziehen wollte, ohne mit seiner Armee etwas unternommen zu haben. Dies zeigen auch die Vorgänge bei der Conferenz, zu welcher Goëss und Reniger am 28. Juli in Ofen berufen wurden und der Ali Pascha und andere Würdenträger, später auch der Grosswesir selbst beiwohnten. Dieser verlangte vom Kaiser binnen vierzehn Tagen die Demolirung Serinvárs und die Räumung der siebenbürgischen Plätze, behielt sich aber das Recht vor, unterdessen gegen Neuhäusel zu marschiren. Auch wollte er jetzt die Demolirung Székelyhids und St. Jobs nicht mehr zugeben, wollte sich aber begnügen, wenn von den geforderten 200.000 Gulden die Hälfte in barem Gelde und die Häfte in Geschenken gesendet würde.[1]

Da der Grosswesir am 30. Juli Ofen verliess, um die Belagerung Neuhäusels zu unternehmen, so hörten für längere Zeit alle Unterhandlungen auf. Doch wurden Goëss und Reniger nicht entlassen, sondern in Ofen in einer Art Gefangenschaft gehalten, und zwar wurden beide getrennt und so strenge bewacht, dass sie mit einander gar nicht verkehren konnten.[2]

Erst als der Grosswesir nach der Eroberung Neuhäusels und der benachbarten kleineren Festungen Neutra, Léva und

---
[1] Bericht vom 30. Juli.
[2] Bericht vom 2. September.

Neográd am 10. November nach Pest zurückkam, entliess er Goëss nach Hause. Den Residenten Reniger aber nahm er trotz seines leidenden Zustandes mit sich nach Belgrad, um zu gelegener Zeit die Unterhandlungen wieder anknüpfen zu können. Auch dem Freiherrn von Goëss sagte er beim Abschiede, dass, wenn der Kaiser die gestellten Bedingungen annähme, der Friede gleich geschlossen werden könnte. In Belgrad könnte man, wenn sie Lust hätten, weiter verhandeln.[1]

In Folge der Rückkehr des Freiherrn von Goëss stellte der Kaiser am 24. November für Reniger allein eine Vollmacht zum Abschlusse des Friedens mit dem Grosswesir aus. Doch kam es lange Zeit zu keinen ernstlichen Unterhandlungen. Es wurde zwar vom Grosswesir, der den Winter in Belgrad zubrachte, einem Berichte Reniger's vom 29. December ein Schreiben mitgegeben, in welchem er seine Bereitwilligkeit zum Frieden aussprach, wenn Siebenbürgen vollständig geräumt, den Türken die im letzten Feldzuge eroberten Gebiete gelassen und vom Kaiser der frühere Tribut gezahlt würde.[2] Aber gerade die letzte Bedingung machte den Frieden für den Kaiser unannehmbar.

Ehe dieser Brief in Regensburg eintraf, wohin sich der Kaiser im December begeben hatte, um den deutschen Reichstag einer ausgiebigen Hilfeleistung geneigter zu machen, am 18. Jänner 1664, hatte er seinem Residenten den Auftrag gegeben, sich zu erkundigen, wie man wieder Frieden und gute Nachbarschaft aufrichten könnte.[3] Als Reniger nach Empfang dieses Schreibens durch Panajotti dem Grosswesir mittheilen liess, dass der Kaiser unter Bedingungen, die mit seiner Ehre zu vereinbaren wären, auch jetzt zum Abschlusse eines Friedens bereit wäre, liess derselbe ebenfalls seine Bereitwilligkeit aussprechen und liess auch die Forderung eines Tributes fallen. Doch verlangte er auch jetzt, dass von den eingenommenen Plätzen keine Erwähnung geschehe, viel weniger etwas restituirt werde, dass man die obstacula, besonders das Zriny'sche Fort demoliren lasse, und dass für die Verlängerung des Friedens ein Präsent von 200.000 Gulden in barem Gelde durch eine

---

[1] Bericht Goëss' aus Ofen vom 16. November.
[2] Erwähnt in Depeschen Sagredo's vom 18. und 25. Jänner 1664. Der Bericht Reniger's fehlt unter den ‚Turcica'.
[3] Erwähnt in Reniger's Finalrelation.

grosse Person gesendet werde. Auf des Panajotti Vorstellungen liess er jedoch die Sendung in Barem fallen. Das, berichtet Reniger am 12. März, sei des Grosswesirs endgiltige Meinung. Man müsse aber bei Zeiten dazu thun, ehe die Armee aufbreche. Dies ist denn auch geschehen. Auf diese Relation Reniger's, das früher erwähnte Schreiben des Grosswesirs und ein Gutachten der in Wien hinterlassenen geheimen und deputirten Räthe wurde am 3. April bei Portia in Regensburg eine Conferenz gehalten und beschlossen, dem Kaiser zu rathen, dass er Reniger zu Friedensverhandlungen bevollmächtigen möge, aber nur in generalibus, ohne auf die einzelnen Punkte einzugehen, weil, wenn dies bekannt würde, alle Vorbereitungen für den Krieg ins Stocken gerathen würden, und weil man nicht wisse, ob den Türken Ernst sei, und ob sie nicht wie im vorigen Jahre den Kaiser einzuschläfern suchen.

Da der Grosswesir zwar schon am 14. April von Belgrad aufbrach, aber dann mehrere Wochen in Semlin blieb, um die Sammlung und Verstärkung seines Heeres abzuwarten,[1] und erst um die Mitte des Mai die Operationen begann, so wäre der Fortsetzung der Unterhandlungen kein äusseres Hindernis entgegengestanden. Als der Resident, wie er am 12. Mai berichtet, das vom 8. April datirte Befehlschreiben des Kaisers empfangen und daraus entnommen hatte, dass dieser dem Kriege den Frieden unter billigen Bedingungen vorziehe, liess er dies durch Panajotti dem Grosswesir melden und fragen, ob er die Verhandlungen durch beiderseitige Commissäre oder mit ihm allein führen wolle. Der Grosswesir zog letzteres vor und verlangte, dass Reniger ihm nachreise. Dieser bat nun den Kaiser, wenn er damit einverstanden sei, ihm ein Creditiv an den Grosswesir und eine vollkommene Instruction, wie weit er sich im äussersten Falle einlassen dürfe, zu senden.

Bis diese eintrafen, verging wieder eine lange Zeit, da der Verkehr durch den Kriegszustand erschwert war.[2] Erst am 16. Juli erhielt Reniger die kaiserlichen Befehlschreiben vom 23. und 27. Juni, worin ihm, wie er am 1. August meldet, neben

---

[1] Nach Reniger's Bericht aus Belgrad vom 17. April.
[2] Sagredo meldet das Eintreffen eines Curiers Reniger's, der offenbar dessen Bericht vom 12. Mai brachte, am 6. Juni.

der Plenipotenz zu tractiren und zu schliessen, ausführliche Instruction ertheilt wurde. Es war ihm darin wieder aufgetragen, die Demolirung von Székelyhid und St. Job und ausserdem die Rückstellung oder wenigstens Schleifung Neuhäusels zu verlangen. Unterdessen hatte er vom Grosswesir die Aufforderung erhalten, sich zu ihm zu begeben, der er am 28. Mai Folge leistete. Aber als er Belgrad verliess, war der Grosswesir aus Essek bereits nach Westen aufgebrochen, um Kanisa zu entsetzen, welches von einem Theile der kaiserlichen Truppen belagert wurde, worauf er Serinvár angriff, das nach längerem Widerstande am 30. Juni erstürmt und zerstört wurde.

Reniger reiste ihm dorthin nach, kehrte aber neuerdings nach Essek zurück, wo er am 16. Juli die erwähnte Vollmacht und Instruction des Kaisers erhielt. Obwohl er überzeugt war, dass es unmöglich sein würde, die Forderungen des Kaisers durchzusetzen, brach er am 17. auf und reiste dem Grosswesir nach, den er am 27. bei Körmend an der Raab erreichte, welchen Fluss die Türken in jenen Tagen vergebens zu übersetzen suchten.

Als Reniger dort anlangte, hatte sich die türkische Armee flussaufwärts nach St. Gotthard in Bewegung gesetzt, wo das Bett weniger breit und tief war. Er liess den Grosswesir durch Panajotti um eine Audienz bitten, aber zugleich, wie man in Wien gewünscht hatte, um Geheimhaltung ersuchen. Der Grosswesir liess ihm sagen, er solle kommen. Aber da er einen Herrn und Nebenbuhler habe, so müsse er die vornehmsten Kriegsofficiere und Ministri berufen, damit man nicht sage, er habe sich corrumpiren lassen und nichts unternehmen wollen, obwohl er Wien oder eine andere Festung hätte einnehmen können.

Am 30. Juli liess er den Residenten zu sich rufen und empfing ihn in Gegenwart der Paschas Ismael von Bosnien, Mehemet von Aleppo, Ali von Damascus, der Paschas von Romulien oder Griechenland und Anatolien, des Defterdar, der zwei Obersten der Spahi, des Agas der Janitscharen und Anderer und fragte ihn, was er zu tractiren habe. Auf Reniger's Antwort, dass er, wenn man sich über gewisse Punkte geeinigt hätte, Vollmacht zum Abschluss eines Vertrages habe, sagte der Grosswesir, er solle mit den Anwesenden verhandeln, während er selbst sich hinter eine Tapete zurückzog.

Reniger schlug nun als Grundlage des Vertrages die zu
Constantinopel und Temesvár tractirten Artikel und die nicht
durch spätere Verträge aufgehobenen Bestimmungen der früheren
Verträge vor, wogegen auch die Türken keine Einwendung erhoben.
Als er auf die Frage, was er weiter vorzuschlagen
habe, die Demolirung der Castelle Székelyhid und St. Job nannte,
wurde dies von Ismael Pascha, der das Wort führte, sofort
absolut abgeschlagen und er ausgelacht, ebenso als er die Rückstellung
Neuhäusels verlangte; die Ottomanen hätten den Christen
nie etwas zurückgegeben. Auch die Schleifung desselben wurde
verweigert. Als er nun wenigstens zur Verhinderung der Streifzüge
der Türken die Gestattung der Erbauung eines Defensionswerkes
zwischen der Waag und Gutta forderte, wurde darüber
dem Grosswesir berichtet und er gefragt, was er sonst noch
vorzuschlagen habe. Als er nun sagte, dass man sich im Falle
eines Accords wegen der Absendung der grossen Botschaften
vergleichen solle, erschien der Grosswesir selbst wieder und
theilte ihm Folgendes als seine endgiltige Resolution mit: Die
Restitution und Demolirung Neuhäusels sei unmöglich. Die
Türken seien in solchem Stand, dass sie nichts zu fürchten
brauchten. ‚Wir sehen nunmehr fast Wien,‘ bemerkte der
Janitscharenaga. Auch wegen Székelyhid und St. Job sei nichts
zu melden. Die Aufrichtung eines Forts bei der Raab solle
dem Kaiser erlaubt sein, wenn es keine grosse Festung und
jenseits der Raab, nicht auf der Seite von Neuhäusel gelegen
wäre. Weiter sollte Reniger zugestehen, dass Serinvár und das
von den Türken nach jenem eroberte und zerstörte Fort Klein
Komorn[1] nicht reparirt und dass Neutra, wenn es nicht unterdessen
von den Türken erobert würde,[2] demolirt werden sollte,
was der Resident nur bezüglich Serinvárs zusagte.

Dann liess der Grosswesir die zu Constantinopel aufgerichteten
Artikel[3] vorlesen und machte dazu seine Bemerkungen.

Bezüglich der Einleitung forderte er, dass diese in forma
novae pacis aufgesetzt werde.

Bezüglich des 1. Artikels verlangte er, dass Siebenbürgen
nicht erwähnt werde, weil es dem Sultan gehöre und ein anderer

---

[1] Kis Komárom zwischen Kanisa und dem Plattensee.
[2] Es war unterdessen ebenso wie Léva den Türken durch die Kaiserlichen unter de Souches entrissen worden.
[3] S. dieselben oben S. 566 f.

nichts damit zu schaffen habe, liess aber endlich doch den früheren Wortlaut passiren. Dasselbe that er bezüglich des 2. Artikels, da Reniger sagte, dass unter den in demselben erwähnten Hajduken nur die in den zwei Gespanschaften wohnenden gemeint seien. Auch der 3. Artikel machte keine Schwierigkeit. Dagegen wurde die im 4. Artikel verlangte Demolirung Székelyhids und St. Jobs abgeschlagen, aber endlich zugestanden, dass diese nicht von den Türken besetzt werden, sondern bei Siebenbürgen bleiben sollten. Der 6. Artikel war gegenstandslos geworden, da Serinvár bereits von den Türken geschleift worden war. Der 5., 7. und 8. Artikel machten keine Schwierigkeit.

Wegen der Forderung des Präsents ging der Resident den Weisungen des Kaisers entsprechend ‚gradatim' vor. Aber der Grosswesir bestand unbedingt auf den 200.000 Gulden wie nach dem Abschluss des Friedens von Zsitva Torok, und zwar halb in Geld.

Während Reniger am 1. August seinen Bericht abfasste, überschritt ein Theil des türkischen Heeres die Raab, und es kam zur Schlacht bei St. Gotthard, welche damit endete, dass ein grosser Theil derjenigen, welche hinübergegangen waren, getödtet, die übrigen zurückgetrieben wurden.[1]

Wenn auch ein bedeutender Theil der türkischen Armee dem Kampfe ferngeblieben war und Montecuccoli nicht wagte, im Angesichte des Feindes die Raab zu übersetzen und den Sieg zu verfolgen, so machte doch der Ausgang dieser Schlacht auf die Türken einen grossen Eindruck. ‚Es war,' schrieb Reniger am 15. August an den Kaiser, ‚Alles kleinlaut und verbittert. Man ist hierüber ein paar Tage stillgelegen, hernach aber zurückmarschirt und war ein solches Regenwetter eingefallen, dass etliche Tage Alles im Wasser und tiefen Koth gestanden. Viel Kamel, Wägen und Pferd hatten unterwegs erliegen müssen; an Mehl und Brot hatte es ermangelt; die Spahy fangten an zu murren, dass man sie in Koth durch Wälder und harte Pässe hin und her geschleppt.'

Vornehme Türken, die auch sonst seine guten Freunde waren, liessen dem Residenten durch Panajotti sagen, er solle

---

[1] Wegen dieser Schlacht konnte Reniger, wie er am 15. August schreibt, den Bericht vom 1. August nicht absenden.

dafür eintreten, dass wieder Friede werde. Er liess ihnen antworten, an ihm solle nichts ermangeln; sie sollten nur ihrerseits dazu helfen. Wenn man von beiden Seiten thue, was recht und billig, werde ein gewünschter Ausgang erfolgen. Er hatte den Panajotti, wenn er beim Grosswesir selbst gute Neigung verspürte, instruirt, was er sagen und wie wegen Demolirung von Neutra, und dass Klein Komorn nicht reparirt werde, wie de pecunia numerata keine Meldung geschehen sondern es beiden Theilen freistehen solle, ein ehrliches Präsent ohne Taxirung zu schicken; ebenso müssten Székelyhid und St. Job nothwendig abgeworfen werden. Am anderen Tage theilte Panajotti ihm mit, dass er mit dem Grosswesir und dessen Kehaia geredet habe, und dass jener auf seinen früheren Forderungen, besonders den 200.000 Gulden, halb in Geld und halb in Werth, bestehe. Er entgegnete ihm, er habe schon erklärt, dass er mehr, als er im Befehl habe, nicht eingehen könne. 200.000 Gulden in valore könnte er, die Ratification des Kaisers vorbehalten, auf sich nehmen, aber in barem Gelde keinen Pfennig. Sie sollten sich besinnen und wegen Neutra und Klein Kómorn keine Meldung thun, dann könne man sich einigen.

Am folgenden Tage kam Panajotti wieder zu ihm und meldete, der Grosswesir sei mit 200.000 Gulden in valore zufrieden, lasse auch die Forderungen wegen Neutra und Klein Komorn fallen und gestatte, dass der Kaiser jenseits der Waag eine Festung baue. St. Job könne er nicht demoliren lassen, weil eine türkische Besatzung darin liege, Székelyhid aber, weil den Christen gehörig, könne er abwerfen lassen. Da des Kaisers Befehl vom 23. Juni hauptsächlich auf Székelyhid gelautet, liess er dem Grosswesir sagen, dass er sich zufrieden gebe. Er setzte nun die Artikel auf, die am 10. August in Vasvár (Eisenburg) unterschrieben und am 11. im Lager unweit Marcelli[1] ausgewechselt wurden. Am 15. schickte er sie aus dem türkischen Lager bei Vásony nach Veszprim, von wo sie nach Wien weiter befördert wurden.

---

[1] Einen Ort ähnlichen Namens finde ich in der Gegend von Vasvár nicht. Es dürfte der weiter östlich nordwärts nach Raab fliessende Bach Marczal oder eine an diesem gelegene Ortschaft gemeint sein. Vásony liegt noch weiter östlich auf der Strasse von Sümegh nach Veszprim.

Die Friedensurkunde [1] bestand aus zehn Artikeln, deren Inhalt sich aus der bisherigen Darstellung ergibt.

Artikel 1 bestimmt, dass der Kaiser die von seinen Truppen besetzten Plätze in Siebenbürgen dem Fürsten und den Ständen zurückgeben,[2] dass dieses Land von den Heeren beider Theile gleichzeitig geräumt werden, und dass, wenn das Fürstenthum erledigt würde,[3] die Stände nach ihren alten kaiserlichen Privilegien den Fürsten frei sollten wählen dürfen.

Artikel 2 verfügt, dass die dem Kaiser gehörigen Comitate Szathmár und Szabolcs wie seine übrigen Comitate und Gebiete, besonders die von Alters her ihm unterthänigen freien Hajduken weder von den Türken noch von den Siebenbürgern mit Tribut- und Steuerforderungen belästigt werden sollten.

Artikel 3 spricht dem Kaiser das Recht zu, die in seinen Gebieten gelegenen Plätze, namentlich Szathmár, Károly, Kalló und Ecsed zu befestigen, und ordnet die Demolirung der Festungswerke von Székelyhid an.

Artikel 4 erklärt, dass weder der Sohn Rákóczy's und der Kemény's noch jemand anderer aus Oberungarn mit Truppen in Siebenbürgen einfallen dürfe, und dass dieselbe Verpflichtung auch die Türken und Siebenbürger gegenüber dem Gebiete des Kaisers haben sollen.

Artikel 5 verbietet beiden Kaisern, den Feinden des andern irgend welche Unterstützung zu gewähren.

Artikel 6 untersagt beiden Theilen den Wiederaufbau der Feste bei Kanisa.

Artikel 7 sichert den siebenbürgischen Emigranten die Wiedereinsetzung in ihre Güter und Rechte zu.

---

[1] Abgedruckt mit einer den Frieden den Ungarn in einem möglichst günstigen Lichte zeigenden Einleitung bei Dumont VI, 3, 24. Deutsch nach dem Original im Aufsatze des Majors M. v. Angeli, Beiträge zur vaterländischen Geschichte. I. Der Friede von Vasvár. ‚Mitth. des k. k. Kriegs-Archivs‘, II. Jahrg. 1877, S. 1 ff.

[2] Diese Bestimmung, übrigens vom Kaiser längst zugestanden, hatte ihre Bedeutung verloren, weil die kaiserliche Regierung den dort liegenden Truppen keinen Sold schickte und daher die Soldaten in Székelyhid schon im December 1663, die in Klausenburg im Februar 1664 gegen ihren Commandanten sich empörten und den Platz den Siebenbürgern übergaben.

[3] *siquidem principatum vacare contigerit.* Es war also die vom Kaiser gewünschte Fassung zugestanden worden.

Artikel 8 erlaubt dem Kaiser, am rechten Ufer der Waag eine neue Festung zu errichten.[1] Artikel 9 verfügt die Einstellung der Feindseligkeiten und die Rückberufung der Heere von den Grenzen. Artikel 10 setzt die Dauer dieses Friedens auf 20 Jahre fest und bestimmt, dass die Urkunde vier Monate nach erfolgter Ratification durch eine feierliche Gesandtschaft überbracht und von dem Gesandten des Kaisers zum Zeichen der Freundschaft ein freiwilliges Geschenk im Werthe von 200.000 Gulden überreicht und dieses von Seite der Pforte durch entsprechende Gegengeschenke erwidert werden soll.

Es handelte sich nun darum, ob der Kaiser diese Friedenspräliminarien ratificiren wollte oder nicht.

Günstig waren sie für Oesterreich nicht, da den Bestimmungen derselben der augenblickliche Besitzstand zu Grunde lag und daher die von den Türken eroberten Festungen Neuhäusel und Neográd ebenso wie das früher weggenommene Grosswardein in ihren Händen blieben. Aber es fragte sich, ob der Kaiser bessere Bedingungen zu erlangen vermöchte.

Die Operationen, welche der Schlacht bei St. Gotthard gefolgt waren, liessen dies jedoch nicht als wahrscheinlich erscheinen.[2] Der Grosswesir zog sich nach dem Abschlusse der Friedenspräliminarien über den Bakonyer Wald zurück und marschirte über Veszprim und Stuhlweissenburg nach Gran, um diese Stadt zu decken. Montecuccoli wollte die Nachhut des türkischen Heeres beim Uebergange über den versumpften Fluss Marczal angreifen. Aber die Reichstruppen, welche durch Desertion der neu ausgehobenen Soldaten sehr zusammengeschmolzen, und die Franzosen, welche wegen ungenügender Verproviantirung in übler Stimmung waren, verweigerten die Mitwirkung. Montecuccoli zog daher nach einigen Rasttagen nordwärts an die Donau und beabsichtigte einen Angriff auf Gran, während andere, namentlich Portia, sich für die Wiedereroberung Neuhäusels aussprachen.[3] Aber ersteres war ebenso unmöglich

---

[1] Es wurde dann die Festung Leopoldstadt erbaut.

[2] S. über diese den Schluss der Arbeit Rintelen's ‚Die Feldzüge Montecuccoli's gegen die Türken von 1661 bis 1664' in der ‚Oesterreich. militär. Zeitschrift' III, 7, 22 ff. (1828) und den erwähnten Aufsatz von Angeli S. 9 ff.

[3] Bericht Sagredo's vom 24. August.

wie letzteres, weil unterdessen der Grosswesir mit seinem Heere bei Gran angekommen war und am 30. August auch Truppen, Munition und Proviant nach Neuhäusel geschickt hatte.[1] Im Angesichte der numerisch weit überlegenen türkischen Armee konnte an die Belagerung einer starken Festung unmöglich gedacht werden.

Konnte man aber den Krieg noch ein Jahr fortsetzen, um im nächsten Sommer noch einmal das Kriegsglück zu versuchen? Wie man am Kaiserhofe darüber dachte, zeigt uns eine Denkschrift ‚Erhebliche Ursachen und Motiven, welche Ihre Kayl. May. bewogen haben, den jetzigen Frieden mit der Ottomanischen Porten einzugehen'.[2]

Erstens habe es an Mitteln zur Fortsetzung des Krieges gemangelt, weil die ausländischen Geldhilfen im Verhältniss zu den Ausgaben nicht erklecklich, das kaiserliche Aerarium bis auf den Grund erschöpft sei und die durch die früheren Kriege und die Durchmärsche verödeten und verderbten Erbländer die bisherigen Leistungen nicht mehr ertragen könnten.

Zweitens sei der nothwendige Proviant überall, wo der Feind sich hinzieht, nicht aufzubringen.

Drittens sei zu einer erfolgreichen Kriegführung nothwendig, dass beim Kaiser allein das Commando absolute sei, was bei diesem Kriege nicht der Fall gewesen. Verschiedene Capi hätten sich geweigert, wenn eine Operation gegen den Feind vorgenommen werden sollte, so dass man manche gute Action aus den Händen lassen müssen.

Viertens war die Fortsetzung des Krieges schwer und aussichtslos, weil man gesehen, dass der Kaiser vom Reiche und von den anderen Potentaten keine genügsame Hilfe oder nur unter der Bedingung zu erwarten habe, dass seine Leitung noch mehr beschränkt würde.

Uebrigens, wird fünftens bemerkt, sei der Friede *utilis*, weil dadurch der weiteren Verwüstung des christlichen Gebietes, die bei der Ueberlegenheit der feindlichen Reiterei nicht zu verhindern wäre, vorgebeugt und dem Kaiser durch Szathmár,

---

[1] Bericht Reniger's vom 4. September aus dem türkischen Lager bei Gran.
[2] Sie folgt im k. k. Haus-, Hof- und Staatsarchive auf ein Schreiben des Kaisers an seinen Botschafter am spanischen Hofe, Grafen Pötting, vom 25. October, worin er ihm den abgeschlossenen Frieden und die Motive, die ihn dazu bewogen, mittheilt. Es wird aber darin nur der Friede in ein möglichst günstiges Licht gestellt, über die sonstigen Motive jedoch nichts gesagt.

Ecsed und Kalló in Oberungarn eine feste Position verschafft werde, *honesta*, weil dadurch die Umwandlung Siebenbürgens in eine absolute Provinz oder ein Vezirat verhindert und des Kaisers Herrschaft über die ausgedehnten Comitate Szathmár und Szabolcs ausgedehnt werde, endlich *secura*, weil er in so feierlicher Weise geschlossen werde. Endlich sei noch zu fürchten gewesen, dass Venedig Frieden schliesse und dann der ganze Schwall der Feinde sich gegen den Kaiser wende.

Manche Gründe wurden in diesem Promemoria mehr angedeutet als angeführt, waren aber gewiss schwerwiegend genug. Dass Oesterreich allein nicht im Stande war, den Krieg gegen die Türken lange fortzuführen, unterliegt wohl keinem Zweifel. Auf eine ausgiebige Unterstützung durch das deutsche Reich, dessen bunt zusammengewürfeltes Heer auch wenig geleistet hatte, war auch nicht für längere Zeit zu rechnen. Auf Frankreich endlich konnte der Kaiser nur mit Misstrauen blicken, da es jede Gelegenheit benützte, um seinen Einfluss im Reiche auszudehnen, gerade damals ein französisches Heer im Herzen Deutschlands stand, um dem Erzbischofe von Mainz die Stadt Erfurt unterwerfen zu helfen, und der König seit Jahren bemüht war, Lothringen in vollständige Abhängigkeit von Frankreich zu bringen. Spanien endlich hatte längst zum Frieden gerathen,[1] und wenn der König Philipp IV., wie man seit längerer Zeit erwartete, aus dem Leben schied, war vorauszusehen, dass der französische König im Namen seiner Gemahlin Ansprüche wenigstens auf einen Theil seiner Länder erheben würde, was der Kaiser auch nicht mit gleichgiltigen Augen ansehen konnte.

So riethen denn auch die meisten geheimen Räthe dem Kaiser zur Ratification des Friedens. Nur einer derselben, berichtet der venetianische Botschafter, habe sich gegen den Frieden ausgesprochen, wenn man Neuhäusel nicht zurückerhalte.[2] Am 27. September wurde die Ratification des Kaisers vom Residenten Reniger dem Grosswesir in feierlicher Weise überreicht.

---

[1] So berichtet wiederholt der venetianische Botschafter.
[2] Depesche vom 21. September, in welcher auch mitgetheilt wird, dass nach dreitägigen Berathungen und Streitigkeiten beschlossen worden sei, einen Curier an Reniger zu schicken und ihm mitzutheilen, dass der Krieg beendet sein werde, wenn der Grosswesir die Demolirung Neuhäusels zugestehe. In Reniger's Berichten steht hievon nichts.